本书的编写和出版得到国家社会科学基金一般项目（23
科学项目（AHSKQ2020D58，AHSKQ2021D154）、
（2108085QG300）、安徽省教育厅人文科学研究重点项目（2022AH050387）
安徽财经大学重点科研项目（ACKYB20008）的资助。特此感谢！

全球化

对中国工业企业
生存的影响研究

王有兴 ◎ 著

中国财经出版传媒集团
经济科学出版社
Economic Science Press
·北京·

图书在版编目（CIP）数据

全球化对中国工业企业生存的影响研究/王有兴著
. --北京：经济科学出版社，2023.9
ISBN 978－7－5218－5142－7

Ⅰ.①全… Ⅱ.①王… Ⅲ.①经济全球化-影响-工业企业-企业发展-研究-中国 Ⅳ.①F425

中国国家版本馆 CIP 数据核字（2023）第 179030 号

责任编辑：顾瑞兰
责任校对：徐　昕
责任印制：邱　天

全球化对中国工业企业生存的影响研究

王有兴　著

经济科学出版社出版、发行　新华书店经销
社址：北京市海淀区阜成路甲 28 号　邮编：100142
总编部电话：010-88191217　发行部电话：010-88191522
网址：www. esp. com. cn
电子邮箱：esp@ esp. com. cn
天猫网店：经济科学出版社旗舰店
网址：http://jjkxcbs. tmall. com
固安华明印业有限公司印装
710×1000　16 开　14.75 印张　220000 字
2023 年 9 月第 1 版　2023 年 9 月第 1 次印刷
ISBN 978－7－5218－5142－7　定价：75.00 元
（图书出现印装问题，本社负责调换。电话：010－88191545）
（版权所有　侵权必究　打击盗版　举报热线：010－88191661
QQ：2242791300　营销中心电话：010－88191537
电子邮箱：dbts@ esp. com. cn）

前　言

　　进入 21 世纪，全球化进程推动商品、资本、技术和人员等在全球范围自由流动，加速了全球经济一体化进程，有力地推动了全球经济增长。2008 年爆发国际金融危机，使得全球经济按下"暂停键"，随后增速下降、缓慢复苏，全球化步伐有所减缓。与此同时，随着贫富差距扩大、失业、地缘冲突、难民潮等问题日益突出，人们对全球化的质疑开始出现。2016 年，英国全民公投确定脱离欧盟、主张贸易保护的特朗普入主白宫等黑天鹅事件的出现，使本就遭遇挫折的全球化更加举步维艰，成为"逆全球化"的一个重要时间节点。

　　改革开放以来，中国实施出口导向战略，积极参与国际分工，经济早已深度嵌入全球价值链之中。面对复杂多变的国际形势以及新冠疫情冲击下的经济不确定性，出口导向型发展模式遭遇前所未有的挑战。随着外部环境恶化、市场竞争愈发激烈，企业生存压力也日益增大。企业短暂的生命周期不仅仅影响自身经营，也制约了市场经济的持续、稳定、健康发展，而且不利于构建"双循环"新发展格局和经济向更高层次实现高质量发展。此时代背景下，研究全球化如何影响中国企业生存，以及如何应对逆全球化冲击的负面效应，从而提升企业生存能力，具有重要的理论价值和现实意义。研究这一问题，首先在微观层面上，有助于企业认识全球化对其生存所产生的影响，以便采取更为有效的应对策略，增强国际竞争力，从而提高生存概率；其次在宏观层面上，可为中国政府继续坚持全面开放、促进产业升级提供理论支持和实践依据。

　　本书以本轮全球化进程及中国加入 WTO 为背景，利用中国工业企业微观数据、海关数据、专利数据，对全球化影响企业生存的传导机制进行理论分析和实证检验。具体按照"研究综述—现实考察—机理分析—实证检验—政策启示"展开，本书首先对本轮全球化与中国工业企业生存的现实状况进行回顾和梳理，并对两者之间的联系作出初步研判；接着是本书的核心部分，即对全球化影响企业生存的机制进行分析，据此分别构建模型进行实证检验，进而揭示全球化对中国企业生存的微观影响，并深入探究上述影响通过何种渠道发挥作用；同时，进一步进行拓展，实证检验逆全球化对企业生存的冲击；最后，得出本书的研究结论和政策启示，并指出未来进一步研究的方向。

本书由八个章节组成。第一章为导论，简要介绍研究背景与研究意义、研究思路与研究方法，以及研究可能的创新和不足之处。第二章为文献综述，系统回顾全球化的发展演变，梳理和归纳企业生存的相关研究，并对既有的文献研究进行简短评述。第三章深入分析全球化背景下中国经济发展态势及工业企业生存现状，并从企业自身特征、行业特征、区域特征三个角度进一步揭示了企业生存特征。第四章是影响机理分析，运用理论推演方法，从直接影响、传导机制和调节效应三个维度深入剖析全球化对企业生存的影响机制。首先，总体上分析全球化对企业生存的直接影响（总效应）；其次，阐述全球化影响企业生存的传导路径，即通过市场规模、技术扩散及融资约束渠道发挥作用；最后，进一步探究市场一体化、企业创新和金融发展水平在上述传导机制中发挥何种调节作用。第五章构建全球化对企业生存影响的计量模型，实证检验全球化影响企业生存的总效应，并进行稳健性检验和异质性分析。第六章通过构建传递效应模型实证检验全球化通过市场规模、技术扩散及融资约束渠道对企业生存产生的影响，以及市场一体化、企业创新和金融发展水平的调节效应。第七章利用中国上市公司数据进行拓展研究，实证检验逆全球化对企业生存的冲击，从而佐证全球化对企业生存的正面影响。第八章对全书进行总结，归纳全书的主要研究结论，得到相应的政策启示，并对未来研究进行展望。

通过理论和经验分析，本书得到以下主要结论。

（1）全球化整体上显著降低企业生存风险，并且影响效果存在企业异质性和地区异质性。具体而言，全球化显著降低了企业生存风险，全球化程度每提高1%，企业生存风险将下降0.817%。为顺应全球化，各国高举贸易自由化大旗，通过下调关税、减少非关税壁垒等途径，鼓励对外贸易、国际经贸合作，企业生存环境得到改善。并且该影响效果存在显著异质性：对新成立企业生存的影响效应要大于非新成立企业；大企业受影响程度要小于中小企业；对非国有企业的影响要大于国有企业，对外资企业的影响大于非外资企业；全球化对企业生存的影响效应主要存在于东部地区，而中西部及东北地区受影响程度并不显著，进一步观察可知，沿海地区要大于内陆地区。

（2）市场规模是全球化影响企业生存的重要渠道，而市场一体化可以"增强"该影响。在全球化影响企业生存过程中，市场规模是非常重要的渠道，既体现与全球化的因果关系，又反映出与企业生存的因果关系。市场一体化发挥着调节作用，市场一体化程度越高，市场规模对企业生存的促进作用就越大。

（3）技术扩散也是全球化影响企业生存的重要渠道，而企业创新则增强了全球化的正向影响。在全球化对企业生存产生正向影响过程中，技术扩散与市场规模一样承担渠道作用，既体现与全球化的因果关系，又反映出与企业生存的因果关系。创新发挥着调节作用，进行创新的企业，其生存受技术扩散的影响程度更高，即创新程度高的企业在获取技术扩散时可事半功倍，从而使得其对企业生存的正向影响具有"加速"效应，也就是说，企业创新程度高，技术扩散对企业生存的正向影响会随之增强。

（4）融资约束也是全球化影响企业生存的重要渠道，而金融发展水平则缓解了融资约束的负向影响。在全球化对企业生存产生影响过程中，融资约束也是重要渠道，融资约束会恶化企业生存，而全球化能够通过缓解融资约束来改善企业生存。金融发展水平发挥调节作用，即金融发展水平高，融资约束对企业生存的负向影响会减弱。

（5）逆全球化对企业生存产生负面冲击，具体通过市场规模、技术扩散、融资约束渠道进行传导，市场一体化、企业创新和金融发展水平可缓解上述负面影响。逆全球化在整体上显著抑制了企业生存，逆全球化程度每提高1%，企业生存将下降9.97%。在逆全球化冲击企业生存过程中，市场规模、技术扩散及融资约束是重要的影响渠道。与此同时，市场一体化、企业创新和金融发展在逆全球化冲击企业生存过程中发挥调节作用。

本书可能的创新在于：第一，本书通过逻辑推演归纳总结全球化影响企业的微观机理，其通过市场规模、技术扩散以及融资约束渠道发生作用，并受到市场一体化、企业创新和金融发展水平的调节，并进一步从企业的多个维度进行异质性分析，理论上丰富和扩展了企业生存理论的研究视角。第二，实证检验了全球化如何通过市场规模、技术扩散及融资约束途径影响企业生存，并论证市场一体化、企业创新和金融发展水平在上述影响机制中发挥何种调节作用。从学理上，为当前国家实施创新战略和双循环战略提供理论支撑和实施着力点。第三，测算企业层面全球化指数。本书采用海关数据库高度细化的"企业—产品—年份—国别"数据和全球自由化指标（KOF Index）测算企业每一笔出口业务包含的全球化程度，根据企业产品出口金额进行加权汇总至企业层面，从而将国别层面全球化指数细化至企业层面。同时，考虑到大量企业没有从事出口业务，本书在"企业—产品—年份—国别"基础上进行测算"行业—年份"全球化指数，具体步骤将海关数据库HS8位码产品加总至HS6位码，然后通过"HS - SITC - CIC"进行行业转换，根据行业出口金额加权汇总从而生成国民经济2位代码行业的"行业—年份"全球化指数。第四，采用2000~2013年工业企业数据和2014~2019年上市公司数据，较大的时间跨度有利于准确揭示全球化进程对中国企业生存的影响及其微观作用机理，这或许是国内首次采用大型微观数据全面、细致地考察全球化与中国企业生存问题的微观研究。本书在一定程度上拓展了对全球化影响机制及影响效果的研究，由宏观层面下探至微观企业层面，丰富了当前对全球化的研究，同时拓展了企业生存的研究视角。

目　录

第一章

导　论

进入 21 世纪，全球化进程推动商品、资本、技术和人员等在全球范围自由流动，加速了全球经济一体化进程，有力地推动了全球经济增长。2008 年爆发国际金融危机，使得全球经济按下"暂停键"，随后增速下降、缓慢复苏，全球化步伐有所放缓。与此同时，随着贫富差距扩大、失业、地缘冲突、难民潮等问题日益突出，人们对全球化的质疑开始出现。2016 年，英国全民公投确定脱离欧盟、主张贸易保护的特朗普入主白宫等黑天鹅事件，使本就遭遇挫折的全球化更加举步维艰，成为"逆全球化"的一个重要时间节点（宋德孝，2022）。尤其是在中美贸易摩擦和新冠疫情双重冲击下，"逆全球化"进一步升级的态势愈发明显（渠慎宁和杨丹辉，2022）。越来越多的经济体有意切断国际经济联系，并将经济活动转向本国（Antràs，2020）。学者们开始重新审视全球化在经济增长过程中的作用，并展开对"逆全球化"的相关研究。那么，全球化是否有助于促进经济增长？是否需要否定全球化，转而重拾贸易保护政策？①

改革开放以来，尤其自 2002 年加入世界贸易组织（WTO）后，中国对外交流增强，同各国间商品、要素的流通规模不断扩大。中国在 2010 年超越日本，成为全球第二大经济体；2013 年超越美国，成为全球最大的货

---

① 尤其在中央提出"双循环"新发展格局后，部分学者认为中国这是要把国际市场上销售过剩的产品转移到国内销售，自此开始不依赖国外市场，实行闭关自守政策，重走自我循环的老路（刘志彪和凌永辉，2021）。

物贸易国；截至 2014 年，中国成为 120 多个国家和经济体的第一大贸易伙伴。[①] 伴随中国经济和对外贸易的强势崛起，引发的利益冲突也激起部分国家的敌意，遭受大量不公正待遇。在此背景下，是否要继续坚持对外开放、融入全球化进程，在国内引起广泛讨论。

第一节　研究背景与研究意义

一、研究背景

企业是一国经济发展的重要组成部分，在促进就业、稳定社会、推动经济增长等方面作用显著。就发展中国家而言，健康的企业结构对于实现可持续发展、就业等目标至关重要（Dunne & Masenyetse，2015）。产业中企业过多地进入和退出，则折射出企业的失败和产业的疲软。

特征事实一：国家市场监督管理总局统计数据显示，中国企业平均的生存时间仅 6.1 年，近半数的企业存活不足 5 年，私营企业生存时间更是低至 2.9 年，远低于发达国家企业的平均寿命。[②] 与此同时，中国企业的成长呈现出"大进大出"特征，即行业内大量企业进入和大量企业退出的情况并存。

特征事实二：改革开放以来，尤其加入 WTO 之后，中国实行了一系列的贸易自由化举措，其中包括关税减免、降低非关税壁垒等，促进了对外贸易的快速发展。关税水平[③]也已由 1998 年的 17.4% 下降至 2011 年的

---

① 资料来源：2014 年 3 月 7 日时任商务部部长高虎成在全国两会期间的答记者问（http：//news. sina. com. cn/o/2014 - 03 - 08/064029653810. shtml？from = www. hao10086. com）。

② 相关研究表明：欧洲和日本企业的平均寿命为 12.5 年（Geus，2002），美国企业的平均寿命为 8.2 年（许晓明和高健，2003），加拿大企业的平均寿命为 7.8 年（Thornhill & Amit，2003）。

③ 此处关税采用的是简单平均关税税率。

9.5%，降幅高达45%。① 与此同时，中国进出口总额快速增长，带来市场规模扩大、先进技术和管理经验以及竞争激化等诸多变化，对企业的生产经营产生重大影响。以关税削减为例，本土企业在降低进口成本的同时，也将面临更为激烈的外商竞争。因而，全球化背景下贸易自由化会对本土企业的进入、退出等生存动态行为产生影响（Melitz & Burstein，2011）。那么，一个与此相关的问题是，能否确定全球化影响了中国企业的生存状况？

特征事实三：2016年11月，特朗普当选为美国第45任总统。上台不久，特朗普就积极推行一系列新政（如加速制造业回归、修建"美墨边境墙"等），并鼓吹逆全球化，实施贸易保护。② 作为美国最大的贸易伙伴，中国首当其冲受到影响，比如美国首先对中国相关商品加征关税从而引发贸易战。

特征事实四：2020年全球暴发新冠疫情，致使全球经济再次按下"暂停键"。据经合组织（OECD）发布的景气先行指数显示，全球经济下滑明显，全球供应链受阻，现有的供给体系遭受冲击。各国为了本国经济社会稳定，通过牺牲效率来重构供应链。这对我国外向型经济模式，产生了一系列负面影响。

中国贸易依存度③一直保持较高水平，2000~2008年均值为52.73%，2009~2016年均值为42.35%，2017~2021年为32.92%。④ 较高的贸易依存度既说明我国经济开放程度很高，与全球经济联系密切，同时意味着全球经济的波动必然会对中国经济造成冲击。积极参与国际分工的中国，早已高度嵌入全球价值链，逆全球化冲击业已经对中国造成实质性影响，中国企业必将面临巨大的生存风险。

那么，中国将继续坚持全面开放、拥护全球化？还是针锋相对，实施"闭关锁国"、贸易保护？对于这一问题，无须争论。党的十九大已经给出

---

① 毛其淋，盛斌. 贸易自由化、企业异质性与出口动态——来自中国微观企业数据的证据[J]. 管理世界，2013（3）：48-68.

② 自2017年以来，美国对进口自中国商品实施多轮关税加征，从而引发美中贸易摩擦。

③ 此处贸易依存度=进出口总额/国内生产总值，均以当年价核算，并未进行价格平减。

④ 资料来源：历年中国统计年鉴。

了明确答案——促进贸易和投资自由化便利化，推动经济全球化朝着更加开放、包容、普惠、平衡、共赢的方向发展。①

尽管学者们一致认为全球化能够通过国际贸易、国际直接投资（FDI）等多种形式产生溢出效应，但鲜有文章涉及全球化水平对企业生存影响的微观机理。因而，本书试图填补现有文献关于企业如何响应全球化的研究空白。本书采用 2000～2013 年中国工业企业数据库，研究全球化对一个在过去几十年中实行改革开放的国家企业生存所带来的影响，并进一步使用 2014～2019 年上市公司数据进行拓展，验证在全球化发展面临逆转因子膨胀的情形下，逆全球化带来的贸易保护以及政策不确定性是否会对中国企业产生冲击，从而加剧企业生存风险？上述影响通过何种途径发挥作用？以及中国企业如何顺应全球化并应对逆全球化浪潮？

二、研究意义

受中美贸易摩擦、新冠疫情等多重叠加因素影响，我国经济增速放缓趋势明显，企业生存发展面临巨大压力。在市场竞争日益激烈之时，企业如何创新思路、规避风险，关乎企业存亡。因此，研究全球化背景下的企业生存状况，全面分析和研判中国企业生存风险，有助于企业有效应对逆全球化的负面冲击，具有重要的理论价值和现实意义。首先，微观层面上，有助于企业认识全球化对其生存所产生的影响，使之采取更加合理的应对策略，增强国际竞争力，从而提高生存概率；其次，宏观层面上，可为中国政府继续坚持全面开放、促进产业升级提供理论支持和实践依据。

（一）理论价值

1. 进一步充实和完善企业生存相关研究

生存分析法常见于医学领域，后被学者引入经济学领域，用以探讨进

---

① 2017 年 10 月 18 日，习近平总书记在中国共产党第十九次全国代表大会上的报告《决胜全面建成小康社会 夺取新时代中国特色社会主义伟大胜利》（http：//www. gov. cn/zhuanti/2017 - 10/27/content_ 5234876. htm）。

出口持续时间、创新延续、企业存续等问题。伴随着微观层面企业数据的获取，国内外众多学者纷纷使用工业企业数据库、海关数据、上市公司数据进行进出口持续影响因素等问题的研究，也有大量学者关注企业存续问题。

本书基于 2000～2013 年中国工业企业数据，深入分析全球化对企业生存的影响机理。同时，采用 2014～2019 年上市公司数据，检验逆全球化对企业生存的负面冲击。上述研究，对于充实和丰富现有企业生存问题的研究具有重要理论价值。

2. 拓宽了有关全球化的分析框架

当前对全球化的研究视角大多集中在宏观层面，规范分析和实证检验全球化如何影响一国宏观经济方面涌现大量论著，但少有学者从实证角度检验其对微观企业层面的冲击。具体到全球化如何影响企业生存的实证研究，更是鲜见。并且，伴随逆全球化浪潮涌动，学术界从理论层面对逆全球化展开大量论述，但从实证角度对其冲击经济的后果进行统计检验的研究并不多见。本书结合理论分析与实证检验，通过构建企业层面全球化指数，采用中国工业企业数据库、海关数据库、专利数据库，使用生存分析、传递效应模型等方法，探究全球化影响中国企业生存的微观机理，并进一步检验逆全球化对企业生存的负面冲击，力图深入探讨全球化、逆全球化对微观企业个体生存所带来的影响，以拓展有关全球化、逆全球化的研究领域。

3. 为当前国家实施创新战略和双循环战略提供学理解释

本书在深入分析全球化通过市场规模、技术扩散及融资约束渠道影响企业生存状况后，进一步发现市场一体化、企业创新和金融发展水平在上述传导过程中发挥调节作用，即可以在一定程度上缓解企业生存状况的恶化，从而在理论上证实当前国家实施创新战略、双循环战略、统一大市场建设战略，是在准确研判当前经济发展形势的基础上提出的，可以有效缓解当前我国经济社会发展和企业生存面临的困局。

（二）应用价值

1. 本轮全球化使国际经贸体系出现新的结构性变化

本书厘清本轮全球化进程及其阶段性特征，有助于从宏观层面理解欧美部分发达国家实施贸易保护的深层次原因，以及当前贸易保护主义对全球经济的影响。

2. 本轮全球化进程中，中国经济发展的得与失

在经历全球化带来的高速发展后，全球经济遭受金融危机冲击后整体表现低迷、复苏缓慢。叠加中美贸易摩擦和2020年新冠疫情的双重冲击引发的逆全球化浪潮，我国企业面临严峻的外贸形势。当前，我国经济增速放缓，发展步入新阶段，改革进入深水区，大部分企业创新能力薄弱，身处价值链低端环节。由于土地、资本等要素成本不断上升，企业招工难、融资难引发用工成本、融资成本持续上升，企业经营面临巨大压力。在这种情况下，中国企业生存面临的挑战更为严峻。因此，通过研究全球化对企业生存的影响机制，提出了一些具有针对性的政策建议，对于探索新发展格局下我国企业生存发展乃至国民经济转型升级具有重要的现实意义。

本书研究目标与我国未来社会经济面临的环境变化相适应，与宏观经济未来的发展趋势相匹配，一定程度为双循环、创新战略、统一大市场建设等宏观政策的制定和实施提供学理支撑和现实指导。

第二节　研究思路、结构安排和研究方法

一、研究思路与结构安排

以本轮全球化进程和中国加入WTO为背景，本书采用中国工业企业微观数据、海关数据、专利数据等大样本数据，对全球化影响企业生存的微观机制进行理论分析和实证检验，研究思路如图1-1所示。具体按照"研究综述—现实考察—机理分析—实证检验—政策启示"展开，本书首先对本轮全球化与中国工业企业生存的现状进行回顾和梳理，并对两者之间的联系作出初步研判；其次是本书的核心部分，即对全球化影响企业生存的机制进行分析，据此分别构建模型进行实证检验，进而揭示全球化对

中国企业生存的微观影响,并深入探究上述影响通过何种渠道发挥作用;进一步进行拓展,通过实证检验逆全球化对企业生存的冲击;最后得出本书的研究结论和政策启示,并指出未来进一步研究的方向。

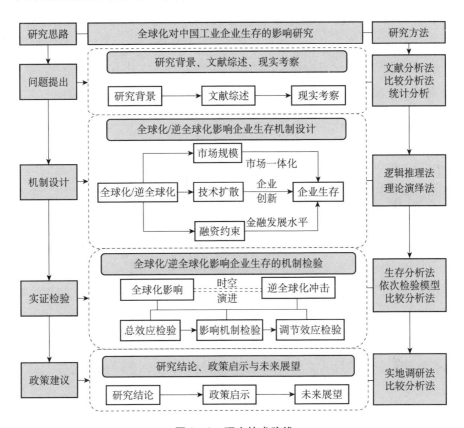

图 1-1 研究技术路线

根据上述研究思路,本书由八个部分构成,具体章节安排如下。

第一章为导论。本部分简要介绍研究背景与研究意义、研究思路与研究方法,以及研究的创新和存在的不足之处。

第二章为有关全球化、逆全球化与企业生存的文献综述。这部分主要围绕以下方面展开:一是对全球化的本质、发展阶段及其影响进行简要回顾;二是对逆全球化的概念、表征、产生原因及其影响进行归纳;三是详细梳理和归纳企业生存的相关理论和经验研究;四是全球化、逆全球化与企业生存的相关研究;五是对现有的相关文献进行简要评述。

第三章是对全球化与中国工业企业生存的现实考察。首先，对本轮全球化进程中，全球经济、对外贸易等现状进行梳理；其次，归纳总结全球化背景下中国经济发展、对外贸易、国际直接投资/对外直接投资（FDI/OFDI）等概况；最后，对中国工业企业生存状况进行概括，使用描述性统计初步了解中国企业的生存状况，具体包括分地区、分行业特征等。

第四章是全球化对企业生存的影响机理分析。这部分从宏观层面切入微观层面，深入剖析全球化对企业生存的影响机制并提出研究假设。首先分析全球化对企业生存的直接影响；其次分析全球化对企业生存的影响机制，即通过市场规模、技术扩散以及融资约束渠道发挥作用；最后进行拓展分析，进一步探究市场一体化在市场规模影响企业生存机制中起到调节作用，企业创新在技术扩散影响企业生存机制中起到调节作用，以及金融发展水平在融资约束影响企业生存机制中发挥的调节作用。

第五章是全球化影响企业生存的总效应检验。根据前文的影响机制分析，构建全球化影响企业生存的计量模型以及企业层面全球化指数，并对相关变量选取、数据来源进行说明；接着对回归结果进行分析，考察全球化对总体企业生存的影响效应；随后进一步进行异质性分析，将总体企业样本根据年龄、规模、所有制、是否进出口、所处不同区域等进行划分，并依次进行分组估计。本章主要有以下结论：第一，全球化在整体上显著降低了企业生存风险，全球化程度每提高1%，企业生存风险将降低0.817%。全球化背景下，各国为了推动商品、要素等的自由流动，会在一定程度上降低贸易保护程度，通过削减关税、减少非关税壁垒，有效改善企业生存环境，尤其是对进入国际市场的企业来说，其生存风险会进一步降低。第二，在使用COXPH模型进行基准回归之外，通过变换模型、采用其他指标测度全球化、分样本回归等方法进行稳健性检验，均发现全球化对企业生存的回归系数显著为负，即全球化可以改善企业生存这一结论是稳健的。第三，由于自身特征不同，使得不同企业面对全球化的响应不尽相同，即全球化对企业生存的影响因企业而异。通过异质性分析可知，全球化对企业生存的影响效应存在显著差异：从企业年龄来看，全球化对新成立企业生存的影响要大于非新成立企业；从企业规模来看，大企业受影响程度要小于中小企业；从所有制来看，对非国有企业的影响要大于国有企业，对外资企业的影响大于非外资企业；从不同区域来看，全球化对我国企业生存的影响效应主要存在于东部地区，而中西部及东北地区受影响程度并不显著，进一步观察可知，对沿海地区企业的影响要大于内陆地区。

第六章对全球化影响企业生存的机制进行实证检验。本章主要探讨市场规模、技术扩散、融资约束的渠道作用以及市场一体化、企业创新和金融发展水平的调节效应。通过构建传递效应模型检验全球化通过市场规模、技术扩散及融资约束渠道对企业生存产生影响，以及市场一体化、企业创新和金融发展水平发挥何种调节作用。

首先，对市场规模渠道的作用机理以及市场一体化的调节效应进行检验，结论如下：（1）在全球化对企业生存带来正面影响的过程中，市场规模是重要的影响渠道。全球化对企业生存的影响，一方面对企业生存产生直接影响，另一方面亦可通过扩大市场规模进而改善企业生存状况，即全球化可以通过市场规模渠道影响企业生存。因此，市场规模是重要的影响机制，既体现与全球化的因果关系（全球化对市场规模的影响系数为0.143***），又反映出与企业生存的因果关系（市场规模对企业生存的影响系数为 − 0.00214***）。（2）市场一体化调节了市场规模对企业生存的影响，在市场规模影响企业生存的影响中具有"加速"效应，即市场一体化程度越高，市场规模对企业生存的正向影响会进一步增强。

其次，对技术扩散渠道的作用机理以及创新的调节效应进行检验，结论如下：（1）在全球化对企业生存带来正面影响的过程中，技术扩散是重要的影响渠道。全球化对企业生存的影响，一方面直接影响企业生存，另一方面可以通过技术扩散渠道影响企业生存。技术扩散是重要的影响机制，既体现与全球化的因果关系（全球化对技术扩散的影响系数为0.0292***），又反映出与企业生存的因果关系（技术扩散对企业生存的影响系数为 − 0.0367***）。（2）企业创新调节了技术扩散对企业生存的影响，在技术扩散影响企业生存的正向影响中具有"增强"效应，即企业创新程度高，技术扩散对企业生存的正向影响会随着增强。

最后，对融资约束渠道的作用机理以及金融发展水平的调节效应进行检验，结论如下：（1）在全球化对企业生存带来正面影响的过程中，融资约束是重要的影响渠道。全球化对企业生存的影响，一方面直接影响企业生存，另一方面可以通过融资约束渠道影响企业生存。在此，融资约束是重要传导路径，既体现与全球化的因果关系（全球化对融资约束的影响系数为 -0.00282^{***}），又反映出与企业生存的因果关系（融资约束对企业生存的影响系数为 0.0588^{***}）。（2）金融发展水平可以调节融资约束对企业生存的影响。具体来看，金融发展水平越高，企业就越容易获取外部融资，从而有效缓解融资约束，改善生存状况。

第七章逆全球化对中国企业生存的冲击检验。本章构建企业层面逆全球化指数，利用 2014~2019 年中国上市公司数据，进一步检验逆全球化对企业生存①的负面冲击。本章亦可视为前文的稳健性检验，使用上市公司数据从而将微观企业数据年份更新至 2019 年，可以有效观察到 2016 年开始的逆全球化浪潮对企业生存的负面冲击。具体结论如下：（1）逆全球化在整体上显著抑制了企业生存，逆全球化程度每提高 1%，企业生存状况可能将下降 9.97%。（2）逆全球化经由市场规模渠道抑制企业生存，市场一体化发挥调节作用，能够放大市场规模对企业生存的正向影响。（3）逆全球化经由技术扩散渠道抑制企业生存，企业创新发挥调节作用，能够增强技术扩散对企业生存的促进作用。（4）逆全球化经由融资约束渠道抑制企业生存，金融发展水平发挥调节作用，能够缓解融资约束对企业生存的负面影响。

第八章是研究结论、政策启示与未来展望。本章对全书进行总结，归纳主要研究结论，给出相应的政策启示，并对下一步研究进行了展望。

二、研究方法

本书以本轮全球化、逆全球化为背景，尝试全面系统地研究全球化/

---

① 由于中国工业企业数据库只到 2013 年，2014~2019 年采用的是中国上市公司数据。鉴于上市公司数据库的特点，无法探知其是否退出市场。因而，只能退而求其次通过检验逆全球化对企业生存质量的冲击。鉴于企业绩效能够充分体现企业生存状况，因而，本节实证检验中使用企业绩效作为企业生存质量的代理指标。

逆全球化对中国微观企业生存的影响机理。为了使得研究结论更为可信，本书尝试从多维度、使用多方法进行多层次分析，具体采用的研究方法可归纳如下。

（一）规范分析与实证分析相结合

本书在既有研究文献梳理的基础上，对有关全球化/逆全球化与企业生存的研究成果进行归纳总结，据此对全球化/逆全球化影响企业生存的作用机制进行逻辑推演，据此提出相应的理论假说；在规范分析后，进一步利用 2000～2013 年中国工业企业微观数据、2014～2019 年中国上市公司数据、海关数据、专利数据、KOF 全球化指数等进行实证分析，对前文提出的理论假说进行实证检验，从而做到规范分析与实证分析相互补充、相互验证。

（二）定性分析与定量分析相结合

本书结合定性分析与定量分析，试图更为系统地考察全球化、逆全球化对中国企业生存的微观作用机理及影响效果。具体研究过程中，定性分析主要体现如下：使用描述性统计初步考察全球化发展趋势和企业生存状况（第三章），通过描绘风险率曲线与生存曲线考察全球化背景下企业生存状况（第三章、第五章），通过逻辑推演深入剖析全球化对企业生存的影响机理（第四章），引入典型案例来考察逆全球化对企业生存的影响（第七章）。使用定量分析方法，引入生存分析方法检验全球化影响企业生存的总效应（第五章），并进一步使用生存分析和传递效应模型，定量考察市场规模、技术扩散及融资约束在全球化背景下如何影响企业生存的渠道作用（第六章），以及市场一体化、企业创新和金融发展水平的调节效应（第六章）。使用固定效应面板模型、传递效应模型，定量考察逆全球化如何通过市场规模、技术扩散以及融资约束渠道冲击企业生存，以及市场一体化、创新和金融发展水平的调节效应（第七章）。

（三）异质性分析

为了更为全面地考察全球化对企业生存的微观影响，本书纳入异质性分析。基于全球化对全体企业生存影响的回归分析，对全体企业样本进行分组回归，据此进行比较分析。具体而言，本书根据企业异质性、地区异质性和行业异质性，将全体企业分为不同的组别，通过分组回归揭示了全球化对不同类型企业生存影响的差异，并对造成上述差异的原因和机理进行解释，从而极大地丰富本书的内涵。

（四）多种计量方法的综合运用

针对研究对象、数据特征，本书采取多种计量方法以提高研究质量，使所得结论更为可信。根据研究目的和数据特征，本书引入生存分析法，采用 COX PH 模型进行基准回归；另外，在稳健性检验环节，也引入了其他的生存分析方法，如 weibull、exponential、cloglog 等方法；在第六章、第七章引入"传递效应模型"进行影响机制检验，以理解全球化对企业生存的影响机制。

机制检验框架从"中介"转到"传递效应模型"，可一定程度上避免因使用温忠麟等（2004）的逐步检验方法而可能存在的遗漏变量、内生变量，以及解释变量与机制变量高度相关等问题，从而使得结果更加可信。

全球化对于企业生存的影响广泛而深入，本书利用"传递效应模型"实现了"影响机制"与"调节效应"的有机结合，从而达成机制逻辑链条与证据链条的呼应。

第三节　创新与不足

一、可能的创新

本书可能的边际贡献在于以下几个方面。

首先，在理论方面，本书通过逻辑推演归纳总结全球化影响企业生存的微观机理发现，这种影响通过市场规模、技术扩散以及融资约束渠道发生作用，并受到市场一体化、企业创新和金融发展水平的调节；进一步从企业的多个维度进行异质性分析，也丰富和扩展了企业生存理论的研究视角。

其次，本书契合当下新发展格局的战略要义，即我国要以创新驱动和扩大内需来推动经济增长方式的转变，坚持全面扩大对外开放，加快统一大市场建设，这也正是本书写作的立足点与价值所在。通过研究，本书进一步检验了全球化如何通过市场规模、技术扩散及融资约束途径影响企业生存，并论证市场一体化、企业创新和金融发展水平在上述影响机制中发挥何种调节作用。从学理上，可为当前国家实施创新战略和双循环战略提供理论支撑和实施着力点。

再次，测算企业层面全球化指数。在全球化指标的构建上，本书以德勒埃（Dreher，2006）编制的全球自由化指标（KOF Index）为基础进行指标重构。由于KOF全球自由化指标是国别数据①，为了细化到企业层面，本书采用海关数据库高度细化的"企业—产品—年份—国别"测算企业每一笔出口业务蕴含的全球化程度，接下来根据企业产品出口金额进行加权汇总至企业层面，计算出"企业—年份"全球化指数。同时，还考虑到大量企业没有从事出口业务，本书在"企业—产品—年份—国别"基础上测算了"行业—年份"全球化指数，具体步骤是，将海关数据库HS8位码产品加总至HS6位码，然后通过"HS－SITC－CIC"进行行业转换，根据行业出口金额加权汇总从而生成国民经济2位代码行业的"行业—年份"全球化指数。

最后，采用2000～2013年工业企业数据和2014～2019年上市公司数据，较大的时间跨度有利于准确揭示全球化对中国企业生存的影响及其微观机理，这或许是国内首次采用大型微观数据全面、细致地考察全球化与企业生存问题的微观研究。本书一定程度上拓展了对全球化影响机制及影响效果的研究，由宏观层面下探至微观企业层面，丰富了当前对全球化的研究，同时拓展了企业生存的研究视角。

---

① 需要指出，KOF全球自由化指标采用的国别编码和海关数据库中的国别代码并不统一，因而涉及国别代码的统一问题。

二、不足之处

本书仍然存在一些不足和有待完善之处，以下几个方面值得在未来作进一步深入探究。

首先，理论分析有待深入。本书机制分析主要建立在对现有理论进行梳理的基础上，通过逻辑推理来构建理论框架，继而提出理论假说，缺乏数理模型推导，略显不严谨。此外，理论分析框架稍显粗略，需进一步深入细致地探讨全球化对企业生存的影响机制，比如在市场规模、技术扩散和融资约束外，一定还存在全球化影响企业生存的其他渠道。

其次，全球化影响企业生存的实证分析稍显单薄。本书结合生存分析、传递效应模型来研究全球化对企业生存的影响机理。在具体研究中，通过构建传递效应模型来进行依次检验。受限于统计学、数理经济学和计量经济学功底有限，笔者在分析过程中尤其是对于内生性问题的解决还不够深入。

最后，囿于微观层面数据的可获得性和企业生存分析的独特性①，难以获得最新年份的微观数据。在实证分析中，首先采用 2000~2013 年中国工业企业数据，并进一步匹配海关数据与企业创新数据，以大样本来确保研究的稳健性。与此同时，使用 2014~2019 年上市公司数据，来进行稳健性检验，试图弥补工业企业数据库时效性不强的缺陷。但是，鉴于上市公司数据库的特点，无法探知其是否退出市场。因而，只能在实证检验逆全球化对企业生存冲击时，使用企业绩效作为企业生存的代理变量，以此来推及逆全球化对企业生存的负面影响。

---

① 现有微观企业数据，适合生存分析的并不多：（1）微观企业问卷调查数据，不连续，难以有效度量企业寿命、进入和退出；（2）上市公司数据，虽然连续性但是只有上市、退市信息，难以判定企业是否真正从行业中退出；（3）中国工业企业数据库，1998~2013 年数据跨度较大、连续性强、覆盖面广。

 第二章

文献综述

　　近年来，学术界对企业生存的关注日益增多，国内外学者对影响企业生存的不同因素进行研究发现，企业经营不仅受自身特征的影响，还面临着外部环境的冲击。本书难以做到引述所有文献，只能挂一漏万进行梳理，主要围绕以下方面展开：一是对全球化的本质、发展阶段及其影响进行简要回顾；二是对逆全球化的概念、表征、产生原因及其影响进行归纳；三是梳理和归纳企业生存的相关理论和经验研究；四是全球化、逆全球化与企业生存的相关研究；五是对现有的相关文献进行简要评述。

第一节　全球化的相关研究

一、全球化本质

　　全球化是一个多维度的概念，覆盖诸多领域，如经济、政治和社会领域。它的多维结构，使得对其的定义很难达成一致，很多学者和机构都给出了不同的定义："全球化"之父丹尼尔·耶金（1999）认为，全球化是一个既定过程的结果，并非进程本身。弗里德里（1997）则认为，全球化是不断强化的网络化进程，包括依赖性的设想、转移性的设想和集中化的设想三个要点。国际货币基金组织（IMF，2000）对全球化作出如下定义：

在全球范围内，商品、服务的贸易、资本流动的规模和形式不断扩大以及技术的快速扩散，这都使得世界经济变得更加相互依赖。世贸组织（WTO，2008）认为，全球化是资本、投资和劳动力市场的一体化或其与世界市场的一体化。全球化是指经济活动跨越国别，国际贸易在GDP中占比不断提高（Karl，1998），全球经济形成一个统一整体，并且全球价值链的地位不断提升（Prakash & Hart，1999）。马克思思想中所包含的全球化意蕴主要是指一种资本对外扩张的现象（胡键，2021）。

虽然以上对全球化的定义和表述略有不同，但基本都认可，伴随全球化进程，商品、要素自由流动使各国经济相互依赖程度提高（李杰，2019），即全球化是一个相互开放、相互联系和相互依存的一体化进程，这一进程实现了全球货物和生产资料的自由流通（冯新舟，2018）。

二、全球化的发展阶段

全球化作为一个历史进程，有必要对其起始点进行界定。对于全球化起点，学术界主要有三种观点：（1）1492年哥伦布发现新大陆（弗兰克，2000）；（2）20世纪50年代（李琼，1995）；（3）20世纪80年代（沈骥如，1998）。本书认可全球化是一个漫长的演化过程并赞同弗兰克等的界定，即全球化始于1492年哥伦布发现新大陆。

按照这一"全球化起点"，全球化的发展阶段也存在多种划分方式。罗伯特森（Robertson，2003）将全球化进程划分为三次浪潮，分别为1500年至18世纪中期、1800年后至20世纪初、1945年至今。弗里德曼（Friedman，2007）的三阶段划分法与罗伯特森略有差别，其全球化分为1.0阶段（1492~1800年）、2.0阶段（1800~2000年）和3.0阶段（2000年至今）。世界银行的三阶段划分法具体为：（1）第一阶段（1870~1914年）；（2）第二阶段（1945~1980年）；（3）第三阶段（1980年至今）。

国内学者对于全球化阶段的划分，结合了马克思主义政治经济学和西方主流经济学有关全球化理论的阐述。杨雪冬和王列（1998）对全球化三阶段划分为：（1）15世纪到1870年；（2）1880年到1972年；（3）19世纪70年代至今。马俊如等（1999）的三阶段为：（1）前全球化阶段（1492 年至 19 世纪 20 年代）；（2）准全球化阶段（19 世纪中叶至 20 世纪 50 年代）；（3）全球化阶段（20 世纪 60 年代至今）。

三、全球化影响

（一）宏观经济层面

学术界通常认为，各国可以自全球化进程中获利，既包括直接经济收益，如商品市场扩张（Ghemawat，2007）、FDI、要素报酬增加（Pham，2017）、产业结构优化、居民福利增进（Forbes，2016；Bems，2010）等；也包括间接经济收益，如伴随全球化的国际人才流动、技术管理进步和贸易环境改善（罗芊等，2016）等。总体而言，全球化可以推动世界经济的发展（Ghemawat，2007）。

大多数检验全球化对经济增长影响的实证研究都出现在 2006 年之后，其原因在于，学者德勒埃（Dreher）在 2006 年编制了全球化指数①（其中一些研究使用了金融一体化、自由化、贸易和金融接受度变量度量全球化），从而为相关实证研究提供了可用的全球化度量指标。德勒埃利用 123 个国家 1970～2000 年的数据，运用面板数据分析技术分析了全球化与经济增长之间的关系，发现全球化对经济增长的积极影响。

之后，莱托（Leitão，2012）利用美国、波拉塞克和塞尔纳（Polasek & Sellner，2011）利用 27 个欧盟（EU - 27）国家等发达国家数据，阿西克戈兹和默特（Acikgoz & Mert，2011）利用土耳其、雷（Ray，2012）利用印度、阿夫扎尔（Afzal，2007）、谢赫和沙赫（Shaikh & Shah，2008）利用巴基斯坦、基里克（Kilic，2015）采用转轨经济国家等发展中国家数据，均证实了全球化对经济增长的促进作用。

阿西克戈兹和默特、基里克等进一步区分经济、政治以及社会全球

---

① Dreher A. Does Globalization Affect Growth? Evidence From A New Index of Globalization [J]. Applied Economics, 2006, 38 (10): 1091 - 1110.

化，并分别考察经济、政治及社会全球化对经济增长的影响。由于使用不同国别、不同时间的差异化数据和不同的研究方法，不同研究所得结论并不一致，这说明全球化对经济增长的影响具有国别异质性。

全球化是把"双刃剑"，在带来经济效益的同时，也会对一国经济产生负面影响，包括资金回流、国际避税、对外技术依赖、污染避难所、低端锁定、区域差距拉大、国家主权危机等（Li & Yeung，1998；Yeung，1998；李小建等，2000；Samuelson，2004）。比如，全球化导致贫穷和不公平的收入分配，也对许多国家的经济增长产生消极影响。尤其是欠发达国家，经济增长缓慢、产业竞争力不足、环境污染、GVC 低端锁定、贫富分化等问题凸显。

正因为如此，部分学者认为"逆全球化"在一定程度上是全球化负面影响的集中体现。一些国家和地区把贸易利益受损的矛头直指全球化，从而引致国家间的贸易政策、政治行为及金融活动发生转变（高运胜等，2021）。

（二）微观企业经营活动

全球化聚焦跨境活动，如国际贸易、跨国投资和产品开发、生产、采购和营销的战略合同，这构成企业的营商环境（Chew & Yeung，2001；Şener et al.，2014），因而，企业无法完全无视全球化而躲避挑战（Maarof & Mahmud，2016）。全球化以及其所尊崇的贸易自由化加剧了企业间竞争（Schmidt & Sofka，2009），可激励企业提升竞争力（Sceulovs & Gaile-Sarkane，2014）。

1. 有利影响

全球化意味着企业产品需求扩张至全球范围，能获得更广阔的市场规模。企业参与全球化获得与跨国公司、国际企业互动学习的机会，从而提高市场竞争力（Singh et al.，2008）。伴随着资金在全球的自由流动，外商直接投资（FDI）规模的扩大，企业不仅获得资金来源，而且还能引进先进技术，增强应对竞争的能力，改善了生存状况（Ahmedova，2015）。跨国公司进入东道国，加速了技术知识、商业知识的转移，促进当地企业生产率和竞争力的提高。东道国企业作为跨国公司的材料供应商和组件装配商，必须按照其要求的质量标准生产，能够从跨国公司学习到先进的管理和技术经验。供应关系亦会激励跨国公司向中小企业提供技术援助（Maarof & Mahmud，2016），并引导其加强管理、采用新技术（Blomstrom & Kokko，1998；Tülüce & Doǧan，2014）。

企业积极开展国际化，可以获取新技术以及新颖的产品设计等，通过"干中学（learning-by-doing）"提高自主创新能力。同时，企业在国外销售意味着必须具备更强的竞争力，从而倒逼其加强管理、提高运营效率，以提高生产率。企业进行跨国并购，通过优化产品结构、重组供应链等途径，提升企业竞争力（薛安伟，2020）。

2. 负面影响

全球化虽然可以带来生产成本降低、生产率提高、管理经验增加等正面效应，但也面临诸多挑战，如国际市场风险、要素成本波动、贸易摩擦等。

伴随全球化发展，竞争变得激烈（Gunday et al.，2011），尤其是那些来自国际市场的竞争。企业进军国外市场的同时，其本土市场同样面临大量外企进入。当跨国公司进入东道国市场后，凭借技术、销售渠道、市场占有率等优势，势必抢占部分市场份额，进而挤压本土企业（Ren et al.，2015；Gamage et al.，2020）。全球化的自由贸易带来的竞争冲击，也是造成发展中国家相当比例中小企业在成立后短时间内倒闭的原因之一（Prasanna et al.，2019）。

自 2001 年加入 WTO 后，中国企业面临更加激烈的竞争，尤其是那些低技术基础、劳动密集型、较低进入壁垒、固定成本相对较低的行业（Şener et al.，2014；Prasanna et al.，2019）。本土企业尤其是中小企业，因为技术适应水平低、管理技能低、生产率低下、劳动密集型特征等（Prasanna et al.，2019），遭受大型跨国公司的威胁后在国际市场的生存能力更低（Ren et al.，2015）[①]。

---

① 跨国公司为维持自身的竞争优势，会采用限制技术和打压市场的竞争策略，这对东道国家企业的研发创新产生挤出效应，不利于企业自主创新能力的培育。

并且随着全球经济竞争的加剧，创新对中小企业而言愈发"高不可攀"（Gunday et al.，2011；Gherghina et al.，2019），面临预算不足、缺乏资源、技术效率低下、无法扩大现有能力和提高产品质量方面的困难，缺乏利用新知识开发新产品的能力（Mustafa & Yaakub，2018）。

上述研究表明，企业在利用国际市场获得市场、要素、技术、资金等的同时，也要面临着来自全球企业竞争的压力。

第二节　逆全球化的相关研究

逆全球化和全球化作为一个硬币的正反面，两者存在此消彼长的关系。在全球化不断发展的同时，逆全球化是伴生物。全球化发端于1492年哥伦布发现新大陆，随后经历了两个高潮期和两个停顿期。事实上，正是逆全球化孕育了两次高潮期。在部分群体获利的同时，全球化也产生众多利益受损者。利益受损者负面情绪的积累，最终引发全球化的调整甚至停顿，从而出现逆全球化浪潮。

有关逆全球化思潮的起因、表现、影响以及如何应对等方面问题，国内外学者也进行过深入研究。

一、逆全球化的概念

"逆全球化"目前尚无统一定义，但学者们普遍认可其身处全球化的对立面，即逆全球化与全球化背道而驰，是一国或地区转而采取地方保护（Bello，2004），构成国别市场分割（佟家栋和刘程，2017）。与提倡自由贸易的全球化不同，逆全球化背景下商品、要素等流动受到限制，FDI和人员阻碍重重，各国优先维护本国私利（韩田和李优树，2017）。有学者总结为"逆全球化作为全球化的反面，凡全球化拥护的，其都反对；全球化反对的，其都拥护"。

需要注意的是，现有研究中有"逆全球化""反全球化""去全球化"

等表述。三者含义存在差异，并不是同义词（陈伟光和郭晴，2017），在一些特殊的研究中，需要进行区分。当前大部分研究中采用逆全球化的广义概念，包含反全球化、去全球化以及狭义逆全球化。本书重点不在于此，因而也沿用广义逆全球化的概念，对逆全球化、反全球化和去全球化不作严格区分。

二、本轮逆全球化表征

纵观世界进程，全球化是大势所趋，但这并不意味全球化是一帆风顺的，由于逆全球化阶段性存在，使得全球化呈现波浪式发展形态。

由于全球化所带来的负面影响，"逆全球化"从未消失。[①] 从重商主义到幼稚工业保护，从日美贸易摩擦到美中贸易摩擦，"逆全球化"一直贯穿全球化进程之中（董琴，2018）。

2016年，英国全民公投确定脱离欧盟、主张贸易保护的特朗普入主白宫、意大利修宪公投失败等一系列黑天鹅事件，使本就遭遇挫折的全球化更加举步维艰，导致全球化出现震荡，逆全球化思潮高涨。因此，可以将2016年定义为本轮逆全球化元年（张晓忠，2022）。[②] 此后，诸多贸易保护政策付诸实践，全球化面临调整而出现停滞。

需要强调的是，本轮逆全球化是资本主义大国"有选择"的结果，可以理解为对其自身有利的全球化战略[③]，集中表现为实施贸易保护、多边主义逆转等现象（陈宝国和应秋阳，2021）。发达国家以保护本国利益为借口推行"逆全球化"，实施贸易保护，其本质在于当前全球化并未按照其构想演进。以往推崇贸易自由化的发达国家为一己私利，采取贸易保护

---

① 李晓（2018）将上述现象定义为"全球化分裂"，即主要大国之间不再有统一的有关全球经济发展的价值观或者共识，而是谋求符合自身利益的全球贸易金融规则的过程。

② 《人民论坛》问卷调查中心进行的年度最受关注十大思潮的调查结果显示，2017～2020年逆全球化、反全球化、贸易保护连续上榜。

③ 在全球化的不同阶段，各国扮演不同角色，获利也不尽相同。出于本国利益考虑，对全球化的态度随时间、环境产生变化，也就不足为奇。从历史经验可以发现，逆全球化都出现在全球性经济危机时期，发起方都是当时构建与维护全球化秩序的主导国，比如本轮逆全球化中的美国（陈庭翰和王浩，2019）。

策略，持续向发展中国家施压，引发各国间利益冲突，甚至主动发起贸易摩擦。例如，美国政府单方面对中国加征关税从而引发美中贸易摩擦（董琴，2018）。发达国家的战略调整，其根本目的在于"建立有利于其自身发展的制度体系"（宋德孝，2022）。

三、本轮逆全球化产生的原因

格茨（Götz，1997）提出"现代化输家论"，以此解释逆全球化的形成原因。其中，贸易失衡、利益受损是部分国家推行"逆全球化"的动因（陈建奇，2016；高运胜等，2022），尤其是发达国家得自全球化的收益下降（刘志中和崔日明，2017；董琴，2018）。贸易失衡会影响国家间的贸易政策、政治行为以及金融活动，进而导致"逆全球化"（张天桂等，2016；刘钻石和张娟，2017）。

2008 年金融危机爆发后，全球经济复苏乏力、利益分配不均等问题（Samuelson，2004；权衡，2017；戴翔和张二震，2018），进一步助推资本主义内在危机在全球蔓延（张志，2013；宋德孝，2022）。张超颖（2019）则认为，新自由主义经济失衡引发的深层危机是逆全球化产生的原因。因为以新自由主义方式来推进的全球化，体现的是西方发达国家的利益，而不是广大发展中国家的利益；是跨国公司以及精英阶层的利益，而不是绝大多数普通民众的利益。这种全球化必然会造成利益分享与风险分担的严重失衡，必然会带来各种消极后果。

由上可知，逆全球化的产生不仅仅是经济原因，还包括社会、政治、技术、文化的原因。但逆全球化并不反对全球化本身，针对的是全球化的推进方式以及由此产生的负面影响（莱福尔，1998；Bello，2000；安南，2000；渠慎宁和杨丹辉，2022）。

四、逆全球化的影响

虽然全球化发展趋势不可逆转，但逆全球化也会一直存在，其必然会对全球化进程产生阻碍。

始于 2016 年的本轮逆全球化，对全球经济产生较大冲击（雷达，2018），既包括经济增长、就业、福利水平等宏观层面，也包括微观企业所面临的经营风险与潜在冲击（佟家栋和刘程，2017；王建秀等，2018；余淼杰和蓝锦海，2020）。

（一）宏观层面的影响

逆全球化思潮所引致的经济不确定，加剧了全球经济动荡与衰退、贸易摩擦与冲突、保护主义与贸易战（张楠等，2022），对全球贸易、FDI、GVC 等造成冲击（薛荣久，2009；李猛和于津平，2013；王小梅等，2014；王建秀等，2018；戚聿东和朱正浩，2020；张俊彦等，2021）。在经济影响之外，还推动极右势力区域性崛起，民粹主义在世界范围内蔓延，对世界和平与稳定发展带来诸多不利影响（吴志成和吴宇，2018）。

（二）微观企业层面的冲击

"逆全球化"增加了各类显性或隐形因素，阻碍了商品、劳动力和资本在国际市场的自由流动（刘志礼和魏晓文，2017），挤压了企业生存空间，加剧了企业融资约束，使得企业难以有效提升资源配置效率（李天国，2015）。而逆全球化冲击又会通过抑制企业投资及技术创新，加剧企业融资约束，进而对宏观经济运行造成影响（周先平等，2020）。

第三节　企业生存的相关研究

企业作为宏观经济的微观主体，是构成经济体的细胞。有关企业的研究，尤其企业进入、退出以及生存的影响因素等方面十分充实。国内外学者基于不同视角、采用不同数据、运用不同方法，对企业生存进行了大量研究。

一、企业生存的界定

理论上，企业组织可能因为经营绩效差或经营成功而退出市场。前者主要是指企业因经营绩效差，导致收支不相抵出现亏损、停止经营，从而退出市场；后者主要指经营绩效高，从而引发并购行为，伴随并购等经营行为的大量出现，总是意味着某些企业的退出。具体而言，企业并购中，当主兼企业并购其他企业，可以视为主兼企业的成长，被兼企业退出；如果两家通过合并而成立新企业，则视为参与合并的双方均退出市场。为了避免混淆，卡罗尔和德拉克洛瓦（Carroll & Delacroix，1982）认为，由于业绩较差而死亡，叫作组织死亡；由于绩效较好而发生并购，则视为组织成长。

因而，绝大多数对于企业生存开展研究的文献，其所探讨的企业死亡指企业因某种原因（较差的经营绩效）关闭或解散从而退出市场，即 i 企业在 t 年维持经营而在 $t+1$ 年消亡则视为退出市场（Namini et al.，2013）。进一步，企业生存持续时间（年龄）可定义为：企业成立到退出的持续时间。

二、企业生存的影响因素

有关企业生存的影响因素，大体可从内外两方面进行探讨。就内部因素而言，学者们重点从企业自身特征、内部能力和资源、行为和策略等角度展开，具体包括企业年龄（Stinchcombe，1965；Brüderl & Schüssler，1990；Mahmood，2000）、规模（Gibrat，1931；Mata & Portugal，1995；张维迎等，2003；金碚，2009）、所有制结构（Audretsch & Mahmood，1995；Bernard&Jensen，2007；赵奇伟和张楠，2015）、生产率（Jovanovic，1982；Melitz，2003；Esteve-Pérez et al.，2004；余淼杰，2010）、创新行为（Wagner & Cockburn，2007；Fontana & Nesta，2009；肖兴志等，2014；Fernandes & Paunov，2015；Zhang et al.，2018）、对外贸易（Görg & Spaliara，2014；

许家云和毛其淋，2016，刘海洋等，2017）、战略选择（Klepper，1996；Li et al.，2010；Naidoo，2010）等方面。众多研究表明，企业自身特征对生存风险具有显著的影响。

就外部因素而言，可从产业层面和宏观经济层面进行归纳。前者包括产业规模（CarrollG，2000；Strotmann，2007）、产业集中度（Audretsch，1991；Dunne et al.，1989；Lopez – Garcia & Puente，2006）、产业生命周期（Agarwal & Gort，1996；Klepper，1996；何文韬和肖兴志，2018）、产业集聚（Delgado et al.，2010；He & Yang，2016；陈勇兵等，2012）、要素密集度（Agarwal & Gort，2002；Pittiglio & Reganati，2014）等；后者包括经济周期（Caves，1998；Honjo，2000；Bhattcharjee et al.，2009；Moreira，2016）、政府补贴（Pfeiffer & Reize，2000；Crépon & Duguet，2003；许家云和毛其淋，2016）、金融发展（Denis & Mihov，2003；Bridges & Guariglia，2008）、制度环境（Julio & Yook，2012；Baumöhl et al.，2020；罗党论等，2016；刘海洋等，2017）等。

以下将从企业层面、行业层面以及地区层面，就企业生存影响因素的研究展开论述。

（一）企业层面

1. 企业年龄

企业生存与其年龄之间的关系，已有充足的研究予以支持。

斯廷奇科姆（Stinchcombe，1965）最早提出进入期劣势（liability of newness）假定，发现新企业失败率较高。因为新企业面临诸多困难，包括缺乏足够的资源，容易遭受外部冲击（Schutjens & Wever，2000），更有可能在远离行业最低效率的规模水平运营，导致成本处于劣势，所以，一半以上的新企业在进入市场后难以存活五年以上（Cefis & Marsili，2011）。企业在市场中停留的时间越长，对自身真实成本和相对效率的了解就越多，退出风险就越小。伊万诺维奇（Jovanovic，1982）最早引入生存分析模型，发现企业年龄及规模越大，其生存风险就越低。一种可能的解释为，年龄是企业学习能力的体现，年龄越大退出概率越低（Dunne et al.，

1989、Mata & Portugal, 1994）。随后，大量学者利用不同数据，证实了企业年龄与企业生存正相关（Lopez-Garcia & Puente, 2006；Männasoo, 2008；Kosova & Lafontaine, 2010）。

但是相较于年轻企业，年龄较大的企业经营管理各方面比较僵化，调整能力较差，即企业成长与年龄负相关（Evans, 1987；Dunne & Hughes, 1994；Goedhuys & Sleuwaegen, 2010）。

还有学者认为，企业生存与年龄之间并不是简单的线性关系。穆罕穆德（Mahmood, 2000）发现，企业的死亡概率和年龄呈现倒"U"型关系（Agarwal & Gort, 2002），从而验证了成长期劣势（liability of adolescence）假说（Brüderl & Schüssler, 1990）。黄健柏等（2010）的研究得出两者呈现独特的"U"型关系。

弗雷泽（Frazer, 2005）、恩库伦齐扎（Nkurunziza, 2012）的研究则发现了显著但微弱的年龄效应。索德博姆等（Soderbom et al., 2006）、邓恩和马森耶茨（Dunne & Masenyetse, 2015）却没有发现显著的年龄效应。

仅从现有研究结果来看，学者对于企业年龄如何影响企业生存尚未达成一致。

2. 企业规模

企业规模差异是解释企业其他差异的基本维度。由于企业规模不同，其组织架构、策略行为、企业表现等方面可能存在较大差异（Baron, 1984）。

关于企业规模的研究，最早源于法国学者吉布雷特（Gibrat, 1931）。他在考察法国企业成长与规模的关系时，没有发现企业成长与规模之间的关系，呈现随机特征，此即吉布雷特法则（Gibrat's Law）。

此后，许多学者从不同角度对吉布雷特法则进行检验，但结论却并不统一。学界有关企业规模大致有以下三种观点。

第一，大的总是美好的。马塔和波利亚图斯（Mata & Portugal, 1995）认为，企业规模越大，其生存率越高。此后，阿格沃尔和戈特（Agarwal & Gort, 1999）、张维迎等（2003）、金碚（2009）、张静等（2008）、王峰（2011）等国内外学者的研究，大都发现企业规模与企业生存正相关。

第二，小的总是美好的。相当多的经验研究也证实了企业生存与规模间的负相关关系，间接否定了吉布雷特法则（Mansfiled，1961；Evans，1987；Dunne & Hughes，1994；Kosova & Lafontaine，2010）。

第三，企业绩效与企业规模大小无关（McPherson，1995；Nkurunziza，2012）。吉布森和哈里斯（Gibson & Harris，1996）对新西兰制造业、奥德雷奇等（Audretsch et al.，2004）通过对意大利制造行业、赵桂芹（2007）利用2000～2004年中国非寿险公司的数据所进行的研究，均发现企业成长与企业规模无关。另外，贝凯什等（Békés et al.，2011）发现，即使在2008年金融危机期间，小企业和大企业的表现也相似，即企业规模对企业生存影响并无差异。

3. 企业生产率

理论研究表明，拥有更高生产率的企业，具有更强的市场竞争力（Atkeson & Burstein，2008），从而拥有更高的市场份额、更强的市场势力，其生存能力会更强。这也得到了大量经验研究的支持（Jovanovic，1982；Melitz，2003；Esteve-Pérez et al.，2004；余淼杰，2010）。张维迎等（2003）使用中关村企业数据、埃斯特夫－佩雷斯等（Esteve-Pérez et al.，2015）用西班牙制造业企业数据、索德博姆等（Söderbom et al.，2006）使用非洲制造业数据、贝隆等（Bellone et al.，2008）使用1990～2002年法国制造业企业、阿里等（Aw et al.，2001）使用中国台湾数据、曹裕等（2012）使用湖南省私营企业以及国有工业企业样本等进行实证研究，结果均证实生产率对企业生存具有显著的促进作用。

4. 企业创新

具备创新能力的企业，能够树立和保持竞争优势，进而延长生存时间（Wagner & Cockburn，2007）。大量研究支持"研发创新能显著提高企业生存能力"，认为积极从事研发创新活动，其生存概率就越高（Esteve-Pérez et al.，2010；Buddelmeyer et al.，2010；Colombelli et al.，2013；鲍宗客，2016）。

但也有学者发现创新与企业生存之间的负向关系，并非所有的创新活动都能显著降低企业失败率（Fernandes & Paunov，2015；Howell，2015）。

一方面，创新的复杂性和不确定性使企业面临高风险，一旦创新失败反而会加大企业退出风险（Buddelneye et al.，2006）；另一方面，创新转化为产出过程中，需要投入大量资金（沉没成本），一旦新产品不为市场接受，其死亡率反而会上升（Børing，2015）。

大量研究表明，创新和企业生存间存在复杂关系，且受到诸多因素的调节（Esteve-Pérez et al.，2004；Robert & Nesta，2009），因此两者之间并非单一的线性关系（张慧和彭璧玉，2017），可能存在"U"型关系（Sharapov et al.，2011；Velu，2015）、倒"U"型关系（Zhang & Mohnen，2013；Ugur et al.，2016），以及"S"型关系（张慧和彭璧玉，2017）。因此，相关研究主要关注不同企业特征（Cefis & Marsili，2005；Ortega-Argilés & Moreno，2007；肖兴志等，2014）和行业特征（Esteve-Pérez & Mañez-Castillejo，2008；Bayus & Agarwal，2007）带来的创新行为对企业生存影响的差异性（鲍宗客，2016；张慧和彭璧玉，2017）。

5. 人力资本特征

企业人力资本包括了创建者、管理者、企业员工等范畴，可以说包含企业内所有人员。

钱德勒和汉克斯（Chandler & Hanks，1994）、彼得罗夫和珊莉（Peteraf & Shanley，1997）以及鲁伯和费舍尔（Reuber & Fischer，1999）都明确提出，对于新企业来说，企业可以被视为创始人的延伸。这也就很容易理解阿布杜萨拉姆等（Abdesselam et al.，2004）的观点：与企业家相关的个人特征、企业家精神以及企业家网络对新成立公司的寿命至关重要。创业者的个人特征如年龄（Cressy & Storey，1995；Wagner & Sternberg，2004；Mueller，2006）、教育程度（Bates，1990；Boyer & Blazy，2014；Cooper et al.，1994；Ganotakis，2012；Gimeno et al.，1997）、家庭环境和以前的工作经验，甚至其性格（过度自信、独立的愿望、偏爱等）都影响着企业生存和发展（Santarelli & Vivarelli，2007）。比如，企业家的风险偏好会影响企业生存，风险厌恶程度低的企业家更有可能成功，即风险厌恶最小的企业家拥有最高的生存概率（Cho & Orazem，2020）。

员工年龄对企业生存（年龄）也有影响（Persson，2004；Coad & Timmermans，2014；Azoulay et al.，2018；Coad，2018；Backmana & Karlsson，2020；Backman & Kohlhase，2020）。员工培训是提高企业创新效能的重要内在要素，重视员工培训的公司将会获得更好的业绩和生存空间（Oke et al.，2012；González et al.，2012；Tullao & Cabua，2014；张慧和彭璧玉，2017）。

克鲁格（Krueger，1974）开创性地指出，政治关联可以使得企业获利。此后，大量文献实证检验了政治关联会通过各种渠道提高企业绩效、改善企业生存。例如，政治关联可以帮助企业获得不那么严格的税收执法（Slinko et al.，2005；Sonin，2008；Sokolov & Solanko，2017），确保监管环境中的变化（Li et al.，2008），轻松获得银行融资（Cull et al.，2015），或获得利润丰厚的公共采购合同（Amore & Bennedsen，2013）。

6. 融资约束

企业资金来源有内部和外部资金，并且两者具有替代性（Modigliani & Miller，1958）。融资约束是导致企业从市场退出的重要原因（Bolton & Scharfstein，1990）。尤其当企业遭遇经营危机时，能否及时获得资金支持对其生存至关重要（Zingales，1998；Guariglia，1999；Bridges & Guariglia，2008）。此外，融资约束也通过影响企业研发费用或创新投资（Winker，1999）降低企业竞争力，从而影响到企业生存。而能够筹集到大量外部资金的企业实际上表现出更高的增长率，因此，能够实现更快的增长（Carpenter & Petersen，2002）。

因此，具有高盈利能力和流动性等良好业绩指标（Ohlson，1980）、有更大规模金融资本、保守型借贷、固定资产规模（Fotopoulos & Louri，2000）、较低初始杠杆水平（Huynh et al.，2012）、财务健康等的企业，其企业生存的概率越高。

7. 所有制结构

有关企业所有制与企业生存关系的研究，主要包括三个方面：（1）国有企业与非国有企业。我国实行社会主义市场经济体制，国有企业因此备受关注（于娇，2015）。国内学者在研究企业生存时，大都比较关注企业的国有属性。国有企业的生存状况，相对而言结果并不确定。一般而言，国有企业可能存在效率低下、经营状况不佳，是造成其生存风险的重要原因（刘海洋等，2017）。（2）外资企业与非外资企业。部分研究表明，外资企业的生存时间相对更长（Colombo & Delmastro，2000；Baldwin & Yan，2011）。相较于非外资企业，外商投资企业在规模、组织架构、管理机制等方面具备优势，因而生存状况更好（Mata & Portugal，1994；Bernard & Sjöholm，2003；Bernard & Jensen，2007；Baldwin &Yan，2011；张维迎等，2003）。在面对经济危机时，跨国公司可能更容易获得资源，或在面临财务约束时能够利用内部资本市场，并通过母公司获得海外信贷（Kolasa et al.，2010），即使在动荡时期也能持续生存（Blalock et al.，2005）。另一些研究表明，外资企业比非外资企业更容易退出市场（Görg & Strobl，2003；Van Beveren，2007；Wagner & Gelübcke，2012；Ferragina et al.，2014）。有别于上述两种观点，部分研究认为外资企业和非外资企业的存活率并无显著差别（Taymaz& Özler，2007；Blanchard et al.，2016；Godart et al.，2012）。马塔和波利亚图斯（Mata and Portugal，2002）发现，当进一步控制了所有权优势、规模和增长战略、企业内部组织以及行业特征（如规模经济、行业进入和增长）后，国内外企业生存表现并无差异。（3）所有权变更。企业所有权变更也会对企业生存带来影响。麦古金和阮（McGuckin & Nguyen，2001）利用美国企业数据发现，所有权更替的企业比未更替企业有更高的生存概率；阮和奥林格（Nguyen & Ollinger，2009）进一步利用美国肉制品行业数据，验证了上述观点。班迪克和格尔格（Bandick & Görg，2010）利用瑞典国内企业数据发现，本土出口商被外企收购后会延长寿命。吉尔马和格尔格（Girma & Görg，2004）利用英国电子和食品工业却发现，一旦被外国公司接管，本土企业的寿命就会缩短。此外，所有权多元化对于企业生存也有影响。基于信息和风险共担机制，所有权多元化的企业比单一所有者表现出更高的生存概率（Shiferaw，2009）。

8. 企业战略选择

产业组织理论认为，企业在其生命周期各个阶段会采取不同的策略行为（价格、产量、产品差异化、多元化等），上述行为又会影响企业绩效和生存能力。更好的管理代表了组织资源和能力，企业可以用于管理经济状况和绩效（Barney，1991；Day，1994；Grewal & Tansuhaj，2001）。并且，根据"被动学习"模型，企业在市场中经营时间越长、获得的经验越多，其效率就越高，因而其生存时间也就越长（Jovanovic，1982）。

企业初始的市场定位（由其产品质量水平定义）会影响随后的生存（Zhao et al.，2018），进入前经验、进入时间和规模经济是企业生存的关键因素（Carroll et al.，1996；Bayus & Agarwal，2007）；多元化进入者比初创企业具有初始生存优势，但较晚进入者的情况正好相反（晚些进入的初创公司比多元化进入者存活率更高）；此外，收购进入者有更高的生存概率（Bates，1990；Xi et al.，2017）。

克莱珀（Klepper，1996）、克莱珀和西蒙斯（Klepper & Simons，1996）认为，企业家在其经营方法上采取革新，使其比竞争对手更具竞争力，其生存状况更佳。进一步研究发现，成本策略、差异化策略、创新策略（Ortega-Argilés & Moreno，2007；Li et al.，2010）、营销策略（Naidoo，2010）、技术策略（Henderson，1999）等，对企业生存至关重要。

9. 其他因素

除了上述个体特征之外，公司所有权结构、大股东控制的集中程度和董事会特征对企业重组和生存具有调节作用（Filatotchev & Toms，2003；Baumöhl et al.，2020）；公司治理主体的独立性、人力资源的丰富程度以及对公司管理层的影响都会显著影响企业生存概率（Iwasaki，2014）。此外，董事会和审计委员会在降低潜在退出风险方面可能发挥重要作用。

（二）产业层面

企业自身的资源和能力往往有限，通常需要从外部环境中获得支持。因而，外部环境的不确定性、复杂性，会对企业生存产生不利影响（Suchman，1995）。因此，企业生存必然遭受外部因素的影响，具体包括行业、区域、宏观经济发展等方面。

企业身处不同行业，其所面临的竞争态势、进入壁垒、要素密集度等方面也呈现较大差别，从而企业生存状态存在行业异质性（郝前进和金宝玲，2011；曹裕等，2011）。

1. 行业规模

行业规模（Carroll & Hannan，2000；Strotmann，2007）、行业增长率（Audretsch，1995；Tveterås & Eide，2000）与企业生存正相关，但行业最低有效规模（MES）与企业生存负相关（Strotmann，2007），MES 越大，新企业倒闭的风险就越高。

2. 产业集中度

竞争作为市场经济最基本的运行机制之一，与企业风险波动密切相关（Irvine & Pontiff，2009），对企业生存产生重要影响。一方面，市场竞争的"优胜劣汰"机制，导致市场势力、利润不断降低，破产风险显著增加（Peress，2010），企业退出概率加大；另一方面，竞争又倒逼企业持续不断提升竞争力，从而避免从市场退出（Baghdasaryan & Cour，2013）。

高产业集中度短期（1～2 年）可以提高企业存活率，但长期（5 年及以上）影响并不显著（Audretsch，1991）。

进入率高、集中度低的行业竞争尤为激烈，使得企业死亡风险大大提高（Segarra & Callejón，2002；Lopez-Garcia & Puente，2006）。这在一定程度上证实了"进入与退出高度相关"。另外，影响产业集中度、进入、退出的因素，比如沉没成本（Dunne et al.，1989），也会对企业生存产生影响。

但是，霍尔姆斯等（Holmes et al.，2010）使用美国东北部 1973～2001 年 781 家新建制造业企业数据、张静等（2013）基于 1999～2007 年中国制造业企业数据，并未发现在企业死亡与产业集中度之间存在显著关系。

3. 产业生命周期

在产业生命周期的不同阶段，企业会表现出很多不同的特征。行业生命周期对企业生存的影响已经得到阿格沃尔和戈特（Agarwal & Gort，1996）、克莱珀（Klepper，1996）的证实。处于行业生命周期前期阶段的企业有更高存活率；进入成熟阶段，竞争强度的增加会加剧企业生存风险；在生命周期末段，新的技术创新迫使落后的、低效率的企业退出行业，此时行业呈现高退出率。

4. 产业集聚

新经济地理学表明，集聚等空间因素会影响企业绩效、企业数量（Krugman et al.，1999），进而对企业生存产生影响。相对稳定的产业集聚模式是潜在企业进入（扩散）和在位企业退出（集中）两股力量相互对抗的结果（Dumais et al.，2002）。

部分研究认为，产业集聚对企业生存产生正向影响（Delgado et al.，2010；He &Yang，2016），通过扩大规模经济、降低经营成本、提高学习效果、促进研发能力等途径，可以有效降低企业的退出风险（Boschma & Wenting，2007；Neffke et al.，2012；陈勇兵等，2012；蒋灵多，2016）。

部分研究发现，集聚会对企业生存产生负面影响（Strotmann，2007；De Silva & McComb，2012）。产业集聚会加剧企业竞争及资源争夺（Headd，2003；Stam et al.，2010），特别是在劳动力等资源方面的竞争，导致生存更加困难。产业集聚带来企业间生产联系紧密，同时也存在潜在的危机传染风险（Battiston et al.，2007；Gallegati et al.，2008；Caianelli et al.，2012）。一旦发生经济危机，风险会迅速蔓延，加剧企业生存风险。

还有研究认为，集聚对企业生存并无显著影响（Audretsch & Vivarelli，1995；Schwartz，2013；Ferragina & Mazzotta，2014）。

上述研究之所以得出不同结论，原因在于集聚影响不仅具有区域异质性，还取决于集聚类型（Howell et al.，2016），并受到其他因素调节，比如企业创新行为（Ebert et al.，2019）。

5. 要素密集度

奥德雷奇（Audretsch，1995）发现，相比较其他行业，高技术行业的企业生存风险更高。可能的原因在于，该行业企业初始禀赋退化速度高于其他行业（Agarwal & Gort，2002）。

皮蒂格里奥和里加纳蒂（Pittiglio & Reganati，2014）研究表明，在低技术和中低技术产业以及知识密集程度较低的服务业中，企业生存受到更大的负面影响。

张静等（2013）研究表明，和资源性产业相比时，高技术行业可以凭借技术创新优势提高生产率，从而降低生存风险。

（三）宏观经济层面

企业的生产、经营活动都是在市场中进行并以市场为基础，显然要受到经济、政治、社会、文化等因素影响，因此宏观环境因素会对企业生产经营、生存发展等产生影响。

1. 经济周期

伴随经济周期变化，企业生存概率会有所不同。在经济上升期，企业退出概率相对较低，而处于衰退期的企业生存概率下降（Caves，1998）。在高通胀和汇率不稳定的时期，企业破产可能性加大，而被收购的概率变小（Bhattcharjee et al.，2009）。高失业率也意味宏观经济低迷，从而企业生存困难（Audretsch & Mahmood，1995）。

经济危机本身（其他条件不变）导致企业退出的增加，即在正常情况下不会退出的企业此时也退出市场。经济危机引发需求下降和外部融资约束，从而导致企业倒闭（Adalgiso et al.，2010；Godart et al.，2012；Spaliara & Tsoukas，2013）。另有研究发现，在经济衰退期选择进入市场的企业其规模更大且生存持续时间长（Moreira，2016；朱奕蒙和徐现祥，2017）。这是因为企业能够选择在衰退期进入，必然具备竞争优势（Lee & Mukoyama，2008，2015），从而盈利能力更强（Ates & Saffie，2016）。

2. 政府补贴

有关政府补贴与企业生存关系，研究结论并不统一。一方面，政府补贴可以给企业丰富的资源，能帮助企业把握发展良机，有效缓解经营危机；同时，政府补贴通过信号机制发挥作用，增加投资者和市场信心（Meuleman & De Maeseneire，2012；张慧等，2018），从而改善生存状态（Duhautois et al.，2015；毛其淋和许家云，2016；Pellegrini & Muccigrosso，2017）。另一方面，政府补贴也可能加大企业惰性，资源并未投放至创新、改进产品等途径以提升竞争力，转而进行寻租以持续获得补贴，从而导致资源错配现象，不利于企业生存（Amezcua et al.，2013；Campbell et al.，2012；Koski & Pajarinen，2015）。

导致结论不一致的原因，可能在于政府补贴与企业生存之间存在复杂的非线性关系,如倒"U"型(傅利平和李永辉,2015;Mao and Xu,2017)。政府补贴对企业生存的影响呈现异质性,如不同的补贴类型(Chindooroy et al.,2007;Amezcua et al.,2013)、补贴额度(Battistin et al.,2001;许家云和毛其淋,2016)、补贴时间(Désiage et al.,2010)都会对企业生存产生影响。另外,这种影响还受到企业年龄(Santos et al.,2016)、企业规模(Wren & Storey,2002)、企业所有制(傅利平和李永辉,2015)、企业区位(Haynes et al.,2011)、产业集聚(Santos et al.,2016)等因素调节。

3. 金融市场发达程度

使用拉波尔塔等(Laporta et al.,1999)构建的金融体系衡量指标,阿伦等(Allen et al.,2005)发现,中国金融在活动规模、结构和效率等方面,均处于较低水平。

由前文可知,融资约束会显著影响企业生存。企业面临的外部融资约束在很大程度上受一国金融体系发达程度影响(林毅夫和李志赟,2005)。已有研究表明,企业信用融资环境对其生存产生显著影响(Denis & Mihov,2003;Bridges & Guariglia,2008;Tsoukas,2011;叶宁华和包群,2013)。

4. 制度环境

奥尔森(1999)认为,长期稳定的社会将使企业的寿命增加。制度质量(Baumöhl et al.,2020)、政策环境(Guo et al.,2016)、治理环境(Mao & Xu,2017)、创新环境(Sharapov et al.,2011;Ebert et al.,2015;Kim & Lee,2016)、产权制度(Zhang et al.,2017;鲍宗客,2017)等都将影响企业生存。

第四节　全球化与企业生存的相关研究

当前,直接研究全球化(或逆全球化)与企业生存关系的文献比较鲜见,学者们大多从全球化的不同侧面入手,比如探讨贸易自由化对企业生存的影响。企业生产经营受到贸易自由化的影响,历来备受国内外学者关注。已有研究表明，贸易自由化可以提高企业出口（毛其淋和盛斌，2014）、改善产品质量（Fieler et al.，2018）、促进研发（Iacavone et al.，2013；田巍和余淼杰，2014）等，进而提高企业盈利能力（张燕等，2013）。企业国际化行为与生存间的关系在实证文献中得到了广泛研究（Baldwin et al.，2013；Esteve-Pérez et al.，2008；Greenaway et al.，2009；逯宇铎等，2014；许家云和毛其淋，2016；李淑云等，2018）。

科斯塔等（Costa et al.，2014）研究表明，复杂的国际化行为相较于简单的进口或/和出口，更加有利于企业生存，尤其是在金融危机时期，全球化增加企业保持竞争力、盈利和生存的可能性。

接下来，本节将从出口行为、进口行为、FDI/OFDI 这三个层面，对全球化、逆全球化与企业生存关系进行梳理。

一、出口行为与企业生存

相比于非出口企业，出口企业存活的概率更大，这样的企业会通过目标市场多元化分散企业经营风险（逯宇铎等，2013），但过多的出口产品种类和市场会降低企业存活的概率（Namini et al.，2011）。国际市场的激烈竞争和需求波动（Giovannetti et al.，2011）加大了企业面临的不确定性（Namini et al.，2013），并且易遭受"外之不利性"（Liability of foreignness）（Salomon & Wu，2012），从而增加生存风险。

出口行为不仅可以直接影响企业生存，还通过其他渠道发挥作用。出口可能通过以下途径间接对企业生存产生影响。

（1）企业生产率。出口已经被证实可有效提高企业生产率（张杰等，2009；戴觅和余淼杰，2011）。

（2）技术溢出。企业在出口过程中可以通过"出口中学"而获得自主创新能力（Grossman & Helpman，1991；Gorodnichenko et al.，2012；李兵等，2013）。

（3）融资约束。出口可以带来更加稳定的现金流，缓解企业面临的流动性约束，从而改善企业生存状况（Bridges & Guariglia，2008；Görg &

Spaliara，2014）。

（4）竞争效应。激烈的国际竞争，将迫使企业采取产品改进、加大研发投入、降低成本、提高运营效率等积极措施（Aw & Hwang，1995），从而提升企业竞争力，改善生存状况。

二、进口行为与企业生存

在出口影响企业生存的同时，进口也同样发挥重要作用（López，2006；Castellani et al.，2008；Goldberg et al.，2010；Bas & Strauss - Kahn，2014；Wagner，2013；Gibson & Graciano，2011）。

进口中间品，通过增加企业中间投入多样性，从而降低企业成本（许家云和毛其淋，2016）；高质量的中间品以及先进的机器设备，可以提高生产率和产品质量、促进新产品开发（Fernandes & Paunov，2013）；多样化的中间投入，使得企业推出差异化产品成为可能，从而降低其竞争程度（Ethier，1982；Halpern et al.，2015），上述情形都有助于企业提高生存概率。

三、FDI/OFDI 与企业生存

（一）外商直接投资（FDI）

现有文献已经证实，外资进入会对本土企业生存产生影响（Wang，2013；包群等，2015；Kokko & Thang，2014），但结论并不统一。凯夫斯（Caves，1974）、巴克利等（Buckley et al.，2007）研究发现，外资溢出具有正向效应；斯宾塞（Spencer，2008）则发现了负的外资挤出效应；泰马兹和奥兹勒（Taymaz & Ozler，2007）、阿尔瓦雷斯和格尔格（Alvarez & Görg，2009）等进一步证实，外资会带来负面冲击，从而迫使内资企业退出市场。

造成上述分歧的原因可能在于，不同企业在规模、所有制、生产率、股权结构、出口导向等方面存在的异质性，对外资影响东道国内资企业生存产生了调节作用（Buckley et al.，2007；Deng et al.，2013；Crespo & Fontoura，2007）。

（二）对外直接投资（OFDI）

对外直接投资可以帮助企业获得更多的国外资源和更广阔的国外市场，提高企业研发竞争力（Pradhan，2017；蒋纳和董有德，2019），进而提高企业生产率、出口密集度和利润率，降低企业的退出风险（毛其淋和许家云，2014）。投向发达国家以及技术研发型 OFDI，具有更强的风险抑制效果（蒋纳和董有德，2019）。但过多的投资次数（蒋纳和董有德，2019）、过快的投资速度（余官胜和龙文，2019），总体上会增加企业风险。同发达国家相比，新兴国家的跨国公司在国际市场上面临的生存风险往往更高，这要归因于其成熟度和经验都有所欠缺（Luo & Zhang，2016）。

与出口相比较，对外直接投资往往面临更大的风险（廖利兵等，2013）。不同于在本土从事生产经营，企业 OFDI 行为可能遭遇制度距离、文化差异、外来者劣势（Nielsen，2010）等风险，往往承担较高的固定成本支出和投资风险（Helpman et al.，2003），从而承受"走出去"的巨大风险，并进一步逆向传递影响到母公司生存。

第五节　简要评述

目前，对于全球化和企业生存的研究已经取得了丰硕成果。从已有研究现状看，关于全球化对企业生存影响，尚有较多的问题需要解决。

首先，当前对全球化的研究视角主要集中在宏观层面，大多从全球化产生的原因、发展历程、对宏观经济的影响等方面展开翔实论述，并且研究大多为规范性研究，定性研究并不多见。具体到全球化对于微观企业的影响，也大多集中于企业经营战略等方面，对企业生存直接影响的研究并不多见。

其次，对于企业生存的研究，可谓经久不衰，且十分充实，学者们主要从影响企业生存的因素入手展开研究。但随着贸易保护主义、逆全球化浪潮的兴起，国际环境的不确定性也在提高，中国经济与社会发展面临"世界百年未有之大变局"。因此，逆全球化对企业生存、发展产生何种影响，还有待论证。

在此背景下，本书以全球化与企业生存之间的关系作为切入点，剖析全球化影响微观企业生存的机理，既是对全球化研究的微观深入，也进一步充实和拓展了企业生存的相关研究。

第三章

全球化与中国工业企业
生存的现实考察

进入 21 世纪，随着技术进步、区域经济一体化进程加速和跨国公司在全球不断扩张，全球化进程亦不断加速。商品、要素在全球范围内的流动提高了资源配置效率，世界经济随之得以迅速增长。

然而，2008 年金融危机冲击、世界经济结构性困境、收入分配不均、制造业转移、产业结构失衡、劳资关系恶化、公共产品和全球治理供应不足等问题日益突出，深刻影响甚至改变了全球化的进程。随着全球经济增速放缓，贸易和投资下降和贸易保护卷土重来，全球化进程呈现波动态势。另外，2016 年英国公投脱欧、特朗普入主白宫、意大利修宪公投失败，以及 2020 年初暴发的新冠疫情等事件，让全球经济再度陷入低迷。

第一节　全球化发展概况

一、全球化发展阶段

从全球化发端之时算起，至今已历经了数百年，在这数百年间，全球化周期性和逆全球化的周期性呈现出明显的交错态势。本书采取世界银行的三阶段划分法：第一阶段（1870～1914 年）、第二阶段（1945～1980 年）[1] 和第三阶段（1980 年至今）。

进一步以 2008 年金融危机为时间节点将本轮全球化分为两个时期：前期（1980～2008 年），全球化呈上升态势；后期（2008 年至今）全球化出现波动（震荡）。因而，本书接下来主要选取 2000～2020 年作为观察期，来考察本轮全球化（2000～2015 年）和逆全球化（2016 年至今）的发展概况。

二、全球化背景下全球经济概况

在本节中，笔者通过回顾世界经济、全球贸易、FDI、国际人口流动等指标变化，考量全球化发展进程。

（一）全球经济增速放缓

由图 3–1 可知，以国内生产总值（GDP）[2] 衡量的全球产出自 2007 年之后增速明显放缓，由 2007 年的 4.32% 降至 2008 年的 1.86%，而 2009 年进一步跌至 –1.67%；虽然 2010 年略有回升，但之后持续走低，并未恢复到金融危机前水平。全球从 GDP 年均增长速度来看，2000～2020 年平均增速为 2.61%[3]，其中，2000～2007 年平均增速为 3.56%，2008～2015 年为 2.32%，而 2016～2020 年则为 1.53%。[4]

（二）国际贸易增长缓慢，进出口持续走低

国际贸易走势与全球产出基本保持一致。如图 3–2 所示，2008 年全球贸易增长 3.01%，远低于 2007 年的 6.96%，其下降速度远超全球产出，但随后非常迅速地出现了"V"型复苏。另据世界银行贸易数据显示，2008 年以后进出口、进口、出口增速均显著放缓（见表 3–1）。

---

① 1914 年之后由于两次世界大战，全球化进程陷入停滞。

② 本节数据均以 2010 年不变价计算得来。

③ 此处年均增长率由各年度经济增长率进行简单平均而来，下文未作特别声明均与此同。

④ 资料来源：World Bank WDI 世界发展指标数据库（https://databank.worldbank.org/source/world-development-indicators#）。

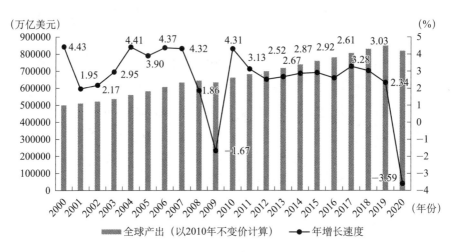

图 3-1　2000～2020 年全球产出（GDP）情况

资料来源：笔者根据世界银行 WDI 数据绘制。

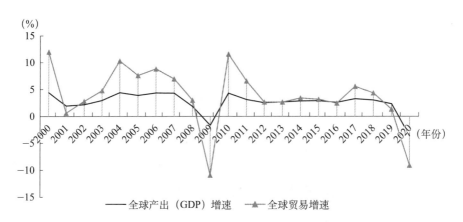

图 3-2　2000～2020 年全球贸易增速与全球产出增速对比

资料来源：世界银行 WDI 数据库。

表 3-1　　　　　　　　　　　　2000～2020 年全球贸易平均增速　　　　　　　　　　单位：%

指标	2000～2020 年	2000～2007 年	2008～2015 年	2016～2020 年
进出口	3.84	6.74	2.77	0.92
出口	3.79	6.44	2.91	0.95
进口	3.90	7.06	2.63	0.90

资料来源：世界银行 WDI 数据库。

与贸易密切相关的是关税水平。由图 3 - 3 可知，世界贸易制成品的简单平均关税由 2000 年的 10.76% 降至 2008 年的 7.54%，2017 年进一步降至 5.17%。引人注意的是，关税总体趋势呈现下降态势，这似乎与贸易保护增强相互矛盾。其原因在于：关税手段太过于明显，容易招致对手的报复，因而各国转向更为隐蔽、效果更好的非关税壁垒，如反倾销、反补贴等各类贸易救济措施。

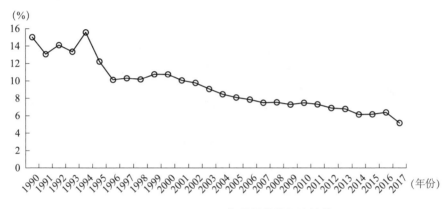

图 3 - 3　1990 ～ 2017 年世界简单平均关税

资料来源：笔者根据世界银行 WDI 数据绘制。

（三）国际资本流动收缩，对外直接投资增长乏力

据联合国贸发会议（UNCTAD）数据，2008 年金融危机后，全球 FDI 净流入的速度下滑，并呈现波动态势（见图 3 - 4）。

经历 2000 ～ 2006 年持续增长后，2007 年全球 FDI 流入增速达 34.66%，攀升 1.907 万亿美元，再创历史新高；2008 ～ 2009 连续两年出现负增长后，2010 年全球 FDI 开始复苏，但随后出现震荡；2015 年到达顶峰后，持续走低，虽然在 2019 年有所回暖，当总体呈现下降趋势（见图 3 - 5）。2000 ～ 2020 年，虽然全球 FDI 增幅波动程度也远超 GDP 增速①，呈现大起大落态势。发展中国家的 FDI 平均增速在 3 个时间段均好于发达国家，不断拉近

————————————

① 其中，2000 年、2003 ～ 2007 年、2010 ～ 2011 年、2015 年、2019 年全球 FDI 增速超过全球 GDP 增速，2001 ～ 2003 年、2008 ～ 2009 年、2012 ～ 2014 年、2016 ～ 2018 年、2020 年则相反。

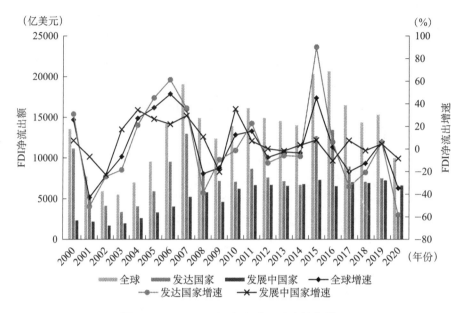

图 3 - 4　2000～2020 年全球 FDI 净流入情况

资料来源：联合国贸发会议数据库。

与发达国家的距离（见表 3 - 2）。这表明金融危机过后，发展中国家经济发展表现优于发达国家，这也就不难理解为什么本轮逆全球化由发达国家主导。

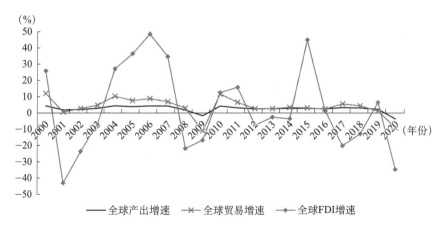

图 3 - 5　2000～2020 年全球 GDP 增速与全球 FDI 增速对比

资料来源：全球 GDP 增速、贸易增速来自世界银行 WDI 数据库，FDI 增速来自联合国贸发会议数据库。

表 3－2　　　　　　　　　2000～2020 年全球 FDI 平均增速　　　　　　单位:%

区域	2000～2020 年	2000～2007 年	2008～2015 年	2016～2020 年
全球	3.55	16.74	－1.10	－4.43
发达国家	2.83	15.06	－1.50	－0.07
发展中国家	16.61	37.58	6.18	－1.92

资料来源: 世界银行 WDI 数据库。

（四）国际劳动力流动

全球化是一个多层面的进程，其所涉及的远不止国家间商品和服务的流动，劳动力流动也日渐频繁。据联合国移民署发布的《世界移民报告2022》显示，2020 年国际移民人数①约为 2.81 亿人次，占全球人口的比重为 3.6%（见表 3－3）。国际移民作为生产所需的劳动力要素和国际流动的知识载体，可通过促进技术扩散和交流对接收国的经济发展贡献力量。

表 3－3　　　　　　　　　2000～2020 年国际移民概况

指标	2000 年	2005 年	2010 年	2015 年	2020 年
移民数量（百万人）	173	191	221	248	281
占总人口比重（%）	2.8	2.9	3.2	3.4	3.6

资料来源: 联合国移民署发布的《世界移民报告》。

发达国家备受国际移民的青睐，OECD 成员国历来是国际移民接收的主要区域（见图 3－6）。2018 年发布的《国际移民概况》显示，移民总量前 5 位国家为美国、德国、英国、法国、加拿大（见表 3－4），上述 5 国接收移民的数量和比例均很高，在很大程度上增补了其国内劳动力的不足，尤其是劳动密集型行业。

---

① 此处采用《联合国关于国际移民统计的建议》中的移民定义，将常住国发生改变的人们定义为国际移民。

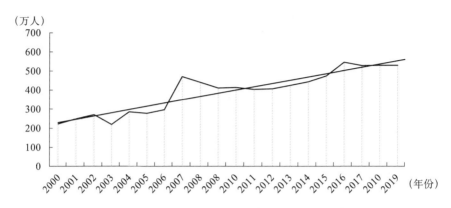

图 3 - 6   2000 ~ 2019 年 OECD 国家永久性移民流动态势

资料来源：联合国移民署发布的《世界移民报告》。

表 3 - 4   2017 年国际移民接收总量前 5 位国家

指标	1	2	3	4	5
	美国	德国	英国	法国	加拿大
接收移民数量（万人）	4373.9	1273.8	936.9	821.0	743.3
占总人口比重（%）	13.55	15.5	14.2	12.7	20.5

资料来源：联合国移民署发布的《国际移民概况 2018》。

美国一直高居移民目的地首位。近半个世纪以来，美国对待国际移民的态度一直比较温和，尤其奥巴马签署"梦想者"项目后，很多国际移民得以顺利进入美国。但自 2016 年特朗普上任后，倡导"美国优先"并改革移民政策，严厉打击非法移民，对工作签证和移民福利也进行限制。

（五）贸易保护不断升级

贸易保护从来不是新鲜事物。即使经济实力位居全球第一的美国，其历任总统都曾出台过贸易保护措施（余淼杰和蓝锦海，2020）。例如，美国频繁对中国发起贸易救济措施，2018 年更是贸然对中国发起贸易战。2008 年后，世界各国出于保护本国产业的目的，纷纷出台一系列贸易保护举措。① 虽然多边、区域贸易协定不会轻易被推翻，但贸易保护主义的存

---

① 据《全球贸易预警》（Global Trade Alert）数据，2008 ~ 2020 年全球出台了 631599 项贸易干预措施。

在必然导致贸易自由化陷入停滞。

贸易救济措施是一把双刃剑，虽说能在一定程度上保护本国经济，但也容易遭到对方报复进而引发贸易战。如图3-7和图3-8所示，2000~2007年，

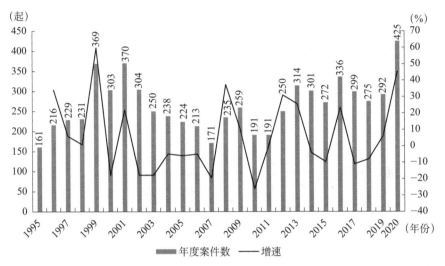

图 3-7　1995~2020 年全球贸易救济趋势

资料来源：笔者根据中国贸易救济信息网统计数据绘制。

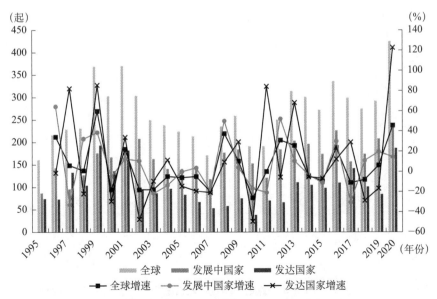

图 3-8　1995~2020 年发达国家和发展中国家贸易救济对比

资料来源：笔者根据中国贸易救济信息网统计数据绘制。

全球发起贸易救济总量增速平均值为 - 8.34%；2008～2015 年增速为
9.25%，发达国家发起贸易救济平均增速要高于发展中国家。由此可知，
2008 年金融危机后，各国纷纷高举贸易保护大旗，而发达国家大量发起贸
易救济、贸易保护程度远超发展中国家（见图 3-9 和图 3-10），这也成
为本轮逆全球化有别于以往的一个显著特征。

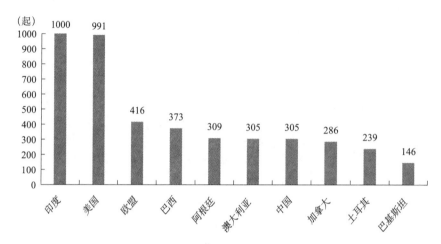

图 3-9　2000～2020 年全球前十名贸易救济发起国家和国际组织

资料来源：笔者根据中国贸易救济信息网统计数据绘制。

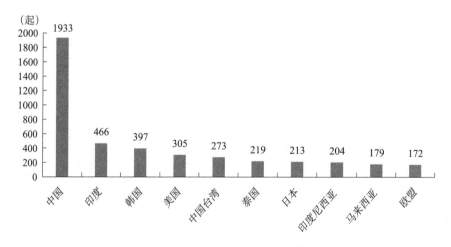

图 3-10　2000～2020 年全球前十名贸易救济遭受国家和地区及国际组织

资料来源：笔者根据中国贸易救济信息网统计数据绘制。

第二节　全球化背景下中国对外开放发展概况

改革开放以来，中国积极主动与世界经济接轨，积极参与国际分工，坚持出口导向的发展模式，拉动经济的快速发展。

一、中国进出口贸易概况

（一）总体概况

自 1978 年实行改革开放伊始，到 2001 年加入 WTO，中国参与世界经济的广度和深度不断加强。中国进口加权平均关税由 1992 年的 32.17% 下降至 2001 年的 14.11%，2009 年进一步削减至 3.93%，兑现了加入 WTO 时的承诺。[①]

改革开放以来，中国经济飞速发展，以 GDP 衡量的总产出不断攀升（见表 3－5）。与此同时，对外贸易总体规模逐年增加，保持稳定的上升势头。按人民币计价，进出口总额由 1978 年的 355 亿元增长至 2020 年的 32.22 万亿元，增长约 907 倍，年平均增长率高达 19%；按美元计价，则由 206 亿美元提高到 4.66 万亿美元，增长约 226 倍，年均增速达 14.5%。与此同时，进出口总额的全球占比不断提高，由改革开放初的 0.8% 增至 2020 年的 11.5%，位列全球首位。

表 3－5　1978~2020 年中国进出口总额

年份	GDP（亿元）	进出口总额（亿元）	进出口总额增长率（%）	占 GDP 比重（%）
1978	3678.7	355	—	9.65
1980	4586.1	570	0.25	12.43

① 资料来源：世界银行 WITS（World Integrated Trade Solution）数据库。

续表

年份	GDP（亿元）	进出口总额（亿元）	进出口总额增长率（%）	占 GDP 比重（%）
1985	9123.6	2066.7	0.72	22.65
1990	18923.3	5560.1	0.34	29.38
1995	60356.6	23499.9	0.15	38.94
2000	99066.1	39273.3	0.31	39.64
2001	109276.2	42183.6	0.07	38.60
2002	120480.4	51378.2	0.22	42.64
2003	136576.3	70483.5	0.37	51.61
2004	161415.4	95539.1	0.36	59.19
2005	185998.9	116921.8	0.22	62.86
2006	219028.5	140974.7	0.21	64.36
2007	270704	166924.1	0.18	61.66
2008	321229.5	179921.5	0.08	56.01
2009	347934.9	150648.1	-0.16	43.30
2010	410354.1	201722.3	0.34	49.16
2011	483392.8	236402	0.17	48.90
2012	537329	244160.2	0.03	45.44
2013	588141.2	258168.9	0.06	43.90
2014	644380.2	264241.8	0.02	41.01
2015	685571.2	245502.9	-0.07	35.81
2016	742694.1	243386.5	-0.01	32.77
2017	830945.7	278099.2	0.14	33.47
2018	915243.5	305010.1	0.10	33.33
2019	983751.2	315627.3	0.03	32.08
2020	1005451.3	322215.2	0.02	32.05

注：进出口总额增长率为环比增长率，计算公式为：环比增长率 = （本期指标值 - 上一期指标值）／上一期指标值×100%。

资料来源：历年中国统计年鉴和统计公报、中国金融年鉴。

以下选择进出口总额、增长速度、贸易依存度（进出口总额占 GDP 的比重）等指标，进一步考察中国融入开放经济发展程度（见图 3 - 11 和图 3 - 12）。

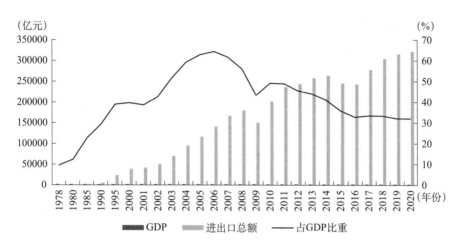

图 3 - 11　1978 ~ 2020 年中国 GDP 和进出口总额情况

资料来源：笔者根据国家统计局历年《中国统计年鉴》整理绘制。

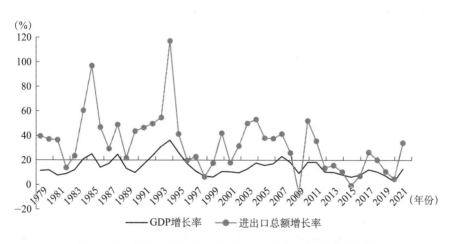

图 3 - 12　1979 ~ 2021 年中国 GDP 和进出口总额增长趋势

资料来源：笔者根据国家统计局历年《中国统计年鉴》整理绘制。

伴随着进出口总额的增长，中国外贸依存度也由 1978 年的 9.65% 增长至 2020 年的 34.19%，该时期平均值为 34.22%；加入 WTO 后的 2003 ~

2008 年，连续 6 年超过 50%。由此可见，对外贸易在我国经济发展进程中作用显著，当之无愧为拉动经济的"三驾马车"之一。

国际收支也由逆差转向顺差，并且顺差规模不断增大（见表 3 - 6 和图 3 - 13）。巨额的贸易顺差，意味着他国高额逆差，从而容易遭受到其他国家的非议和贸易保护。

表 3 - 6　　　　　　　　　1978 ~ 2021 年中国进出口贸易差额情况

年份	GDP（亿元）	贸易差额（亿元）	比重（%）	年份	GDP（亿元）	贸易差额（亿元）	比重（%）
1978	3678.70	- 20	- 0.54	2009	349081.40	13411	3.84
1980	4587.60	- 28	- 0.61	2010	413030.30	12323	2.98
1985	9098.90	- 449	- 4.93	2011	489300.60	10079	2.06
1990	18872.90	412	2.18	2012	540367.40	14558	2.69
1995	61339.90	1404	2.29	2013	595244.40	16094	2.70
2000	100280.10	1996	1.99	2014	643974.00	23526	3.65
2001	110863.10	1865	1.68	2015	685505.80	36831	5.37
2002	121717.40	2518	2.07	2016	741140.40	33452	4.51
2003	137422.00	2092	1.52	2017	827122.00	28718	3.47
2004	161840.20	2668	1.65	2018	919281.13	23247.49	2.53
2005	187318.90	8374	4.47	2019	986515.20	29119.94	2.95
2006	219438.50	14221	6.48	2020	1013567.00	36342.43	3.59
2007	270232.30	20330	7.52	2021	1143669.70	43687	3.82
2008	319515.50	20868	6.53				

注：贸易差额 = 出口额 - 进口额，数值为负表示逆差，数值为正表示顺差。
比重 = （贸易差额/GDP）×100%。
资料来源：国家统计局历年《中国统计年鉴》和统计公报。

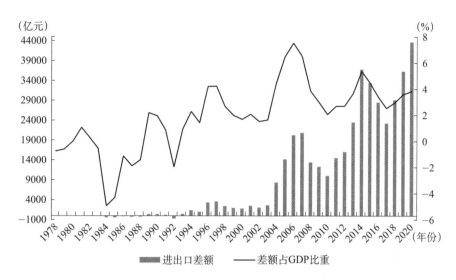

图 3 – 13　1978～2020 年中国进出口贸易差额变动趋势

资料来源：笔者根据国家统计局历年《中国统计年鉴》和统计公报整理绘制。

（二）工业分行业进出口情况①

研究工业企业生存状况需了解中国工业进出口贸易情况，见表 3 – 7。

中美贸易摩擦一直不断，尤其 2018 年以来，美国对华进口产品加征 3 轮关税，重点针对中国高端制造领域（如机械、通信、计算机等），高产品复杂度行业出口受冲击较大（渠慎宁和杨丹辉，2018）。2000～2020 年，全球对中国发起的贸易救济案件总计 1932 起，其中化学原料和制品工业（327 起）、金属制品工业（326 起）、钢铁工业（248 起）② 位居前三。

受中美贸易摩擦影响，通用设备制造业、电气机械及器材制造业、交通运输设备制造业、计算机及其他电子设备制造业、通信设备等是受关税制裁影响较大的行业（见表 3 – 8），进出口增速放缓。

---

① 资料来源：笔者根据海关数据库整理。

② 资料来源：中国贸易救济信息网（http：//cacs. mofcom. gov. cn/）。

表 3-7 **2000～2020 年中国分行业进出口贸易情况**

行业	2000 年	2001 年	2002 年	2003 年	2004 年	2005 年	2006 年	2007 年	2008 年	2009 年	2010 年
煤炭开采和洗选业	203.47	311.98	317.33	397.68	718.58	657.25	584.42	669.85	1031.88	922.95	1476.29
石油和天然气开采业	1898.51	1587.57	1690.21	2585.78	4024.30	5539.08	7343.98	8303.68	12338.58	8387.13	12266.69
黑色金属矿采选业	196.47	295.29	303.48	518.51	1236.39	1714.76	1808.60	2761.73	4394.45	3774.44	5554.76
有色金属矿采选业	295.47	325.22	315.73	482.27	897.74	1334.69	1755.88	2606.42	2625.66	2144.86	3370.24
非金属矿采选业	151.40	163.31	162.40	209.01	261.32	323.08	324.11	379.46	653.69	307.57	504.23
农副食品加工业	1667.76	1736.16	1907.25	2557.30	3124.17	3390.95	3598.73	4401.75	5290.13	4892.59	6189.78
食品制造业	237.82	229.28	266.32	291.18	389.52	426.14	462.98	551.85	661.91	665.00	912.83
饮料制造业	94.86	101.01	110.17	124.59	157.70	182.64	215.05	297.26	293.96	254.46	315.56
烟草制品业	41.92	54.13	56.05	66.35	66.72	75.34	82.03	89.70	106.22	117.61	122.59
纺织业	2558.78	2560.31	2916.27	3605.27	4422.83	5021.60	5703.05	5955.57	6033.78	5334.13	6870.03
纺织服装、鞋、帽制造业	3930.46	4004.11	4474.98	5522.02	6545.65	7756.01	9528.47	10917.32	10646.27	9432.69	11445.86
皮革、毛皮、羽毛（绒）及其制品业	653.45	716.63	776.71	905.46	1131.85	1250.98	1428.03	1530.61	1546.05	1329.72	1824.36
木材加工及木、竹、藤、棕、草制品业	483.95	479.88	579.16	673.36	847.81	995.95	1202.65	1353.99	1209.58	1025.64	1416.67
家具制造业	393.45	438.84	577.40	791.21	1098.64	1408.35	1726.51	2130.07	2291.81	2134.58	2745.11
造纸及纸制品业	644.91	631.87	703.79	852.82	1025.80	1154.44	1301.18	1554.89	1652.39	1470.59	1849.56
印刷业和记录媒介的复制	84.87	91.68	100.33	112.59	141.41	164.17	196.71	251.08	280.82	277.48	320.94

续表

行业	2000年	2001年	2002年	2003年	2004年	2005年	2006年	2007年	2008年	2009年	2010年
文教体育用品制造业	1048.97	1062.97	1360.79	1610.09	1928.99	2391.87	2686.31	3475.87	3702.57	2990.04	3314.32
石油加工、炼焦及核燃料加工业	147.13	144.90	164.57	193.07	235.28	267.24	287.93	266.78	237.14	240.22	427.40
化学原料及化学制品制造业	3108.59	3335.70	3990.47	5051.00	6793.76	8260.99	9307.39	11267.26	12007.28	10069.65	13461.42
医药制造业	226.96	264.68	311.07	377.01	424.50	498.42	571.95	752.04	945.80	1046.39	1242.94
化学纤维制造业	123.37	116.43	129.96	153.32	176.14	184.85	162.69	185.17	162.31	150.39	202.06
橡胶制品业	215.25	226.78	274.16	400.06	560.50	725.48	1034.26	1236.97	1347.57	1187.93	1773.60
塑料制品业	695.51	713.52	846.51	1055.47	1385.36	1711.93	1999.58	2197.04	2210.68	1987.83	2688.83
非金属矿物制品业	588.10	609.21	759.01	943.39	1248.90	1543.41	1878.59	2071.34	2211.94	1953.18	2652.38
黑色金属冶炼及压延加工业	1165.56	1151.92	1401.05	2207.90	3080.15	3740.38	4319.71	5754.36	6809.37	3425.57	4348.04
有色金属冶炼及压延加工业	836.99	790.65	939.57	1289.88	1939.18	2295.42	3270.05	3953.77	3587.54	3404.48	4518.53
金属制品业	905.93	1000.48	1232.21	1599.60	2214.33	2802.84	3524.44	4317.10	4659.81	3648.50	4518.82
通用设备制造业	1618.90	1912.63	2434.40	3392.11	4740.37	5499.52	6530.73	7759.83	9200.26	7831.13	9802.15
专用设备制造业	1297.08	1563.13	1875.31	2494.06	3182.00	3099.06	3608.98	6354.68	6681.49	5438.88	7705.33
交通运输设备制造业	1294.82	1620.99	1841.62	2748.91	3367.01	4040.09	5526.89	6919.48	7762.92	7185.03	10625.67

续表

行业	2000年	2001年	2002年	2003年	2004年	2005年	2006年	2007年	2008年	2009年	2010年
电气机械及器材制造业	3218.89	3491.11	4301.19	5615.84	7537.38	9081.97	11264.75	13459.26	14117.12	12090.54	15742.11
通信设备、计算机及其他电子设备制造业	6120.51	6928.87	9565.05	14887.93	21351.38	27395.88	33728.33	37748.26	37312.50	33793.28	42582.36
仪器仪表及文化、办公用机械制造业	2295.96	2753.00	3835.16	5715.61	8066.02	10006.03	11536.53	12005.45	11760.92	9876.93	12279.25
工艺品及其他制造业	722.75	711.49	756.22	842.05	1051.51	1284.05	1278.11	1668.86	1840.50	1667.08	3271.05
废弃资源和废旧材料回收加工业	40.80	43.82	45.16	64.65	114.66	158.79	193.51	244.31	300.78	243.25	344.61
电力、热力的生产和供应业	—	—	—	—	—	—	—	—	—	—	—
燃气生产和供应业	56.74	61.93	61.45	69.20	64.36	79.98	79.83	83.28	85.02	95.00	97.99

行业	2011年	2012年	2013年	2014年	2015年	2016年	2017年	2018年	2019年	2020年
煤炭开采和洗选业	1816.51	1952.27	1970.98	1516.36	881.2611	1083.759	1752.588	1878.517	1812.686	1531.446
石油和天然气开采业	17009.62	18887.42	18672.75	18605.76	11769.83	11003.51	15526.19	22224.07	23292.15	17182.96
黑色金属矿采选业	7528.72	6358.49	6971.69	5844.383	3649.313	3920.27	5294.624	5070.781	6997.951	8317.899
有色金属矿采选业	4001.93	3907.13	4001.19	3622.778	3147.603	3103.283	4365.413	5017.793	5248.811	4840.835
非金属矿采选业	619.01	638.88	604.90	614.6617	539.5712	491.826	641.2565	727.5798	709.2484	595.5146
农副食品加工业	7369.48	8475.43	8897.49	8949.653	8843.779	9320.866	10301.94	10692.68	11966.24	13205.45
食品制造业	1041.57	1293.69	1539.14	1545.781	1440.78	1514.793	1798.451	2066.305	2338.085	2589.792

续表

行业	2011年	2012年	2013年	2014年	2015年	2016年	2017年	2018年	2019年	2020年
饮料制造业	427.39	586.20	550.30	486.9932	578.1785	730.7085	758.3513	809.6133	812.5738	737.7766
烟草制品业	147.16	165.88	176.64	207.4101	200.241	206.2525	208.5952	209.3963	229.5069	134.1784
纺织业	8139.43	9776.08	10297.39	8555.042	8275.557	8302.442	8885.418	9428.238	9731.496	11900.33
纺织服装、鞋、帽制造业	12986.43	17676.46	19178.89	15438.04	14786.25	14273.58	14622.01	14439.79	14773.96	13462.03
皮革、毛皮、羽毛及其制品业	2245.44	2756.50	2983.31	2514.985	2579.187	2380.013	2548.928	2531.667	2611.761	2103.389
木材加工及木、竹、藤、棕、草制品业	1761.82	1808.96	2053.92	2293.004	2050.278	2207.512	2505.747	2639.303	2445.73	2330.933
家具制造业	3030.56	4341.39	4514.13	3844.715	3926.146	3857.506	4141.948	4420.391	4588.962	4920.502
造纸及纸制品业	2342.56	2427.38	2549.66	2518.935	2678.044	2716.32	3135.539	3433.557	3371.503	3266.873
印刷业和记录媒介的复制	345.66	454.24	506.15	409.6615	402.7729	405.1374	422.16	458.0176	501.6166	455.4503
文教体育用品制造业	3616.52	4478.03	4177.31	3644.001	3987.071	4177.45	4946.127	5033.894	5705.071	6239.677
石油加工、炼焦及核燃料加工业	581.61	494.37	564.62	662.7876	646.8601	641.8722	871.5629	994.5328	947.7982	821.3162
化学原料及化学制品制造业	16368.86	17346.91	17544.05	16785.3	15436.28	15490.39	19008.97	21917.12	21418.97	21266.45
医药制造业	1492.38	2164.75	2405.63	1991.618	2104.395	2366.287	2819.608	3102.214	3646.395	4064.874
化学纤维制造业	281.04	279.24	298.92	242.9382	209.1686	196.6044	243.3033	265.1379	245.6164	186.3819
橡胶制品业	2382.25	2563.30	2612.03	2189.101	1827.288	1716.916	1983.04	1967.948	1997.637	1860.535

续表

行业	2011年	2012年	2013年	2014年	2015年	2016年	2017年	2018年	2019年	2020年
塑料制品业	3194.82	4677.36	4998.89	4170.994	4206.076	4284.098	4745.44	5178.081	5782.456	6465.637
非金属矿物制品业	3351.34	4055.41	4565.65	5799.134	4557.12	4150.118	4107.885	4466.449	4723.052	4629.153
黑色金属冶炼及压延加工业	5336.75	5107.29	4959.72	5819.163	5187.253	4887.813	5289.678	5747.181	5555.018	5901.986
有色金属冶炼及压延加工业	5147.95	5340.11	5041.28	4609.716	4137.91	3998.618	4715.858	5518.339	5177.709	6212.637
金属制品业	5315.51	6843.83	7134.14	6395.624	6580.891	6236.738	6940.556	7536.28	8202.88	8503.11
通用设备制造业	11681.55	14882.40	14813.04	12199.55	11632.88	11994.11	13417.3	14214.35	14630.9	14661.95
专用设备制造业	9106.24	8081.31	8144.22	6828.529	6367.111	6494.195	7579.215	9510.235	9868.716	10201.02
交通运输设备制造业	12635.71	16380.50	16312.96	14226.91	13156.02	13151.56	14887.84	15949.36	15089.68	14028.99
电气机械及器材制造业	17573.56	23496.02	25036.01	20737.59	20700.19	20478.7	22609.12	24617.47	25725.73	27888.32
通信设备、计算机及其他电子设备制造业	46211.74	69132.64	74513.80	55461.02	56634.59	56891.17	63434.51	69748.65	71217.36	77424.03
仪器仪表及文化、办公用机械制造业	13282.01	21014.79	20290.04	14266.34	13648.41	13174.17	14526.7	15587.83	15013.28	15350.13
工艺品及其他制造业	6359.00	9140.07	12164.41	10758.28	9068.798	8593.371	7930.615	8807.034	8581.542	7068.604
废弃资源和废旧材料回收加工业	396.08	407.48	378.46	374.5295	264.8599	249.4791	225.1199	7.027063	5.916615	9.335491
电力、热力的生产和供应业	100.48	100.00	110.83	102.8866	108.756	114.3869	115.8752	116.6839	122.3296	116.2669
燃气生产和供应业				4.98E−06	0	0	2.70E−06	0.000516	0	0

资料来源：UN Comtrade Database（https：//comtradeplus. un. org/）。

表 3 - 8 　　　　　　　　2018 年美国第一轮对华加征关税的行业清单

所属行业	商品种类数	美国进口额（亿美元）
机械行业	713	244. 15
通信设备、计算机及其他电子设备制造业	98	104. 01
电气机械及器材制造业	114	55. 34
交通运输设备制造业	88	30. 62
初级金属业	158	13. 14
家具制造业	5	3. 72

资料来源：渠慎宁和杨丹辉（2018），笔者整理。

（三）出口概况

1. 出口总额及比重

自 1978 年改革开放以来，我国出口贸易呈现增长趋势（见图 3 - 14）。1978 年出口额仅为 167. 6 亿元，2020 年为 17. 928 万亿元，增长了 1069. 68 倍；出口在 GDP 中的占比由 4. 56% 攀升至 17. 69%，平均增速则高达 19. 39%，远超同期 GDP 平均增速，由此可见，出口对拉动中国经济增长的效果十分显著。

2008 年全球金融危机后，出口贸易总额有所下降，2009 年降至谷底。2010 年全球经济开始复苏，中国的出口贸易恢复增长。自 2014 年起，出口贸易总额再一次呈现逐年走低的局面。一方面，在地缘政治、难民危机、英国脱欧等因素影响下，全球经济持续动荡、发展放缓、需求低迷，主要进口国采取贸易保护措施[①]，并且针对我国出口商品出台各种贸易壁垒或采取各种反倾销措施[②]；另一方面，我国进入供给侧结构改革时期，大量传统的优势产业由于高消耗、高污染、高排放逐渐被关停或升级改

[①]　据中国商务部公布，2017 年中国共遭遇 21 个国家（地区）发起贸易救济调查 75 起，涉案金额 110 亿美元。

[②]　2018 年 3 月，美国执意推进 301 调查，该调查公布了所谓的贸易裁定，宣布将对中国商品大规模征收关税，涉及征税的中国商品规模高达 600 亿美元；同时限制中国企业对美的投资并购，对中国收购敏感技术的投资实行投资限制。

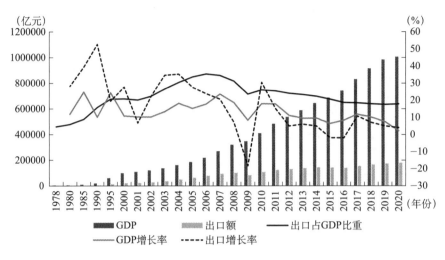

图 3 - 14　1978~2021 年中国出口总额及增长趋势

资料来源：笔者根据国家统计局历年《中国统计年鉴》整理绘制。

造，绿色低碳产业、具有国际竞争力的新兴产业增长难以填补传统工业的空白。与此同时，外贸结构也在不断优化升级，低端廉价的产品逐步被淘汰，品质和品牌更受重视。外部环境的动荡和内部经济结构调整，均会对我国的出口贸易产生影响，使得我国出口贸易总量稍有下降。

2. 出口产品结构

在出口贸易总额持续增长的形势下，出口产品结构也在不断调整和升级。如图 3 - 15 所示，在货物出口构成中，工业制成品和初级产品比例发生变化。其中，工业制成品①出口规模不断上升，由 1980 年的90.05 亿美元增长至 2020 年的 2.474 万亿美元，增长约 274 倍，占比由49.7% 上升至 95.5%；与之对应的是，初级产品出口占比由 50.3% 下降至 4.5%。这表明，出口工业制成品已占据主导地位，我国出口贸易结构不断优化升级。

_____

① 根据联合国发布的《国际贸易商品标准分类》（Standard International Trade Classification，SITC），可以分为初级产品和工业制成品。

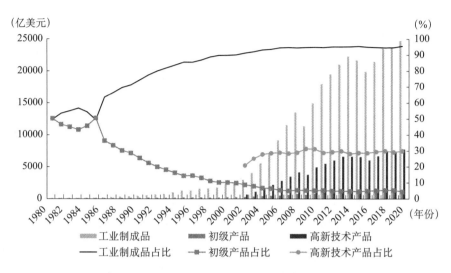

图 3 - 15　1980～2020 年中国工业制成品和初级产品出口情况

资料来源：笔者根据国家统计局历年《中国统计年鉴》整理绘制。

2004 年[①]，我国高新技术产品出口额为 1655. 36 亿美元，2020 年增加至 7762. 55 亿美元，上涨 4. 69 倍；占比由 27. 90% 升至 29. 97%，平均占比为 29. 31%。与直观印象不同，我国虽然是发展中国家，但是高新技术产业出口绝对值和相对值都处于较高水平。

（四）进口概况

1. 进口总额及比重

改革开放以来，在出口快速增长的同时，我国主动扩大进口，从而进口贸易额持续增长（见图 3 - 16）。1978 年进口额为 184. 7 亿元，2020 年为 12. 46 万亿元，增长了 674. 6 倍；占 GDP 的比重也由 1978 年的 5. 09% 升至 2020 年的 14. 22%。受全球金融危机和国内供给侧结构性改革的影响，2009 年进口贸易总额为 6. 862 万亿元，相比 2008 年下降了 13. 72%，2010 年迅速调整，增速达到 38. 01%。

---

① 注：根据 2002 年 7 月国家统计局印发的《高技术产业统计分类目录的通知》，高新技术产品数据自 2004 年开始统计。

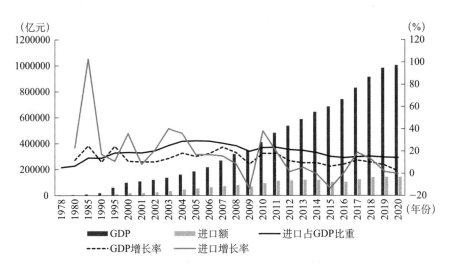

图 3 – 16 1978～2020 年中国进口总额及增长趋势

资料来源：笔者根据国家统计局历年《中国统计年鉴》整理绘制。

2. 进口产品结构

在进口贸易总额持续增长的形势下，我国进口产品结构调整、升级幅度并不大，这有别于出口产品结构。如表 3 – 9 所示，在进口货物构成中，工业制成品规模不断上升，由 1980 年的 130.58 亿美元增长至 2020 年的 1.379 万亿美元，增长 105.6 倍；占出口总额的比重由 65.23% 上升至 66.75%，进一步看上升趋势呈现"W"型，经历了"小幅下降—大幅上升—缓慢下降—缓慢上升"阶段，与之对应的是，初级产品比重呈现"M"型（见图 3 – 17）。

表 3 – 9   1980～2020 年中国进口主要货物数量和金额

年份	货物进口总额（亿美元）	工业制成品（亿美元）	占比（%）	初级产品（亿美元）	占比（%）	高新技术产品（亿美元）	占比（%）
1980	200.17	130.58	65.23	69.59	34.77	—	—
1985	422.52	369.63	87.48	52.89	12.52	—	—
1990	533.45	434.92	81.53	98.53	18.47	—	—
1995	1320.84	1076.67	81.51	244.17	18.49		

续表

年份	货物进口总额（亿美元）	工业制成品（亿美元）	占比（%）	初级产品（亿美元）	占比（%）	高新技术产品（亿美元）	占比（%）
2000	2250.90	1783.50	79.23	467.40	20.77	—	—
2001	2435.53	1978.10	81.22	457.43	18.78	—	—
2002	2951.70	2459.00	83.31	492.70	16.69	—	—
2003	4127.60	3400.00	82.37	727.60	17.63	—	—
2004	5612.30	4439.60	79.10	1172.70	20.90	1614.14	28.76
2005	6599.50	5122.40	77.62	1477.10	22.38	1977.08	29.96
2006	7914.60	6043.30	76.36	1871.30	23.64	2472.98	31.25
2007	9561.16	7128.65	74.56	2430.85	25.42	2869.86	30.02
2008	11325.67	7701.70	68.00	3623.90	32.00	3419.41	30.19
2009	10059.23	7161.19	71.19	2898.04	28.81	3098.43	30.80
2010	13962.44	9623.94	68.93	4338.50	31.07	4126.73	29.56
2011	17434.84	11392.15	65.34	6042.70	34.66	4629.92	26.56
2012	18184.05	11834.71	65.08	6349.34	34.92	5070.78	27.89
2013	19499.89	12919.09	66.25	6580.81	33.75	5579.42	28.61
2014	19592.35	13122.95	66.98	6469.40	33.02	5512.36	28.14
2015	16795.64	12075.07	71.89	4720.57	28.11	5480.58	32.63
2016	15879.26	11468.71	72.22	4410.55	27.78	5236.21	32.98
2017	18437.93	12641.55	68.56	5796.38	31.44	5840.34	31.68
2018	21357.34	14339.90	67.14	7017.44	32.86	6716.61	31.45
2019	20784.09	13484.57	64.88	7299.52	35.12	6377.91	30.69
2020	20659.62	13790.54	66.75	6869.07	33.25	6821.01	33.02

资料来源：国家统计局历年《中国统计年鉴》。

　　2004 年，我国高新技术产品进口额为 1614.14 亿美元，2020 年增加至 6821.01 亿美元，上涨 4.23 倍。自 2004 年以来，我国高新技术产品贸易一直实现顺差，并且差额稳定增长，可见，中国是高新技术产品净

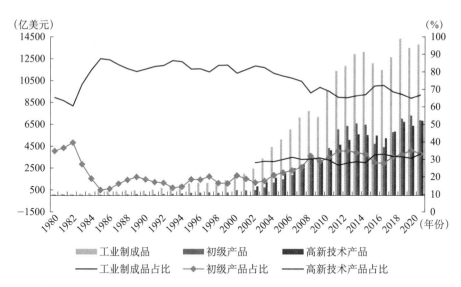

图 3 – 17　1980～2020 年中国工业制成品和初级产品出口总额及趋势

资料来源：笔者根据国家统计局历年《中国统计年鉴》整理绘制。

出口国。这似乎与民众的直观印象有所出入：中国作为一个发展中国家，应该是高新技术产品净进口国，中国一直以来扮演者追赶者角色，尤其是在科技领域。产生上述现象的可能解释为：首先，一直以来所实施的"市场换技术"，客观上推动国内技术进步，进而高新技术产品出口不断增长；其次，由于统计口径的问题，中国企业在高新技术产品价值链上处于中下游，只负责生产和销售，而上游的产品设计和研发环节掌控在国外公司手中。这就意味着，即使我国高新技术产品出口额不断上升，只能反映我国的生产装配水平在不断提升，而技术水平未必处于领先地位。

二、中国 IFDI 和 OFDI 概况

在成为全球第二大消费市场、第一贸易大国后，中国外商直接投资（IFDI）和对外直接投资（OFDI）也稳居世界前列，全球经济参与度显著提升，推动了经济发展、社会进步和民生改善。

（一）中国外商直接投资情况（IFDI）

21世纪以来，尤其是加入WTO后，中国对外商直接投资（FDI）的吸引力不断增加。2020年中国超过美国，首次成为全球FDI流入最多的国家。

2000年，我国实际使用外资407.15亿美元，2020年达到1493.4亿美元①，增长3.67倍，平均增速6.76个百分点，即使在全球经济低迷的2016~2020年，也连续5年保持增长（见图3-18）。

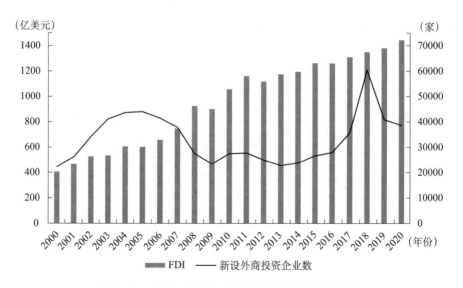

图3-18　2000~2020年中国吸引外商直接投资情况

资料来源：笔者根据商务部《中国外资统计公报2021》整理绘制。

（二）中国对外直接投资情况（OFDI）②

2002~2020年，中国对外直接投资（OFDI）净额由27亿美元增至1537.1亿美元，增长约57倍，年平均增速为30.45%（见图3-19）。中

____

① 实际使用外资金额，是指合同外资金额的实际执行数，外方投资者根据外商投资企业的合同（章程）的规定实际缴付的出资额。

② 自2003年开始，中国有关部门权威发布年度对外直接投资统计数据。

国对外直接投资净额占全球份额稳中有升（见图3－20），2002年占比仅0.41%，而2020年占比达17.97%，但自2016年达到新高后，中国对外直接投资净额呈下降趋势。

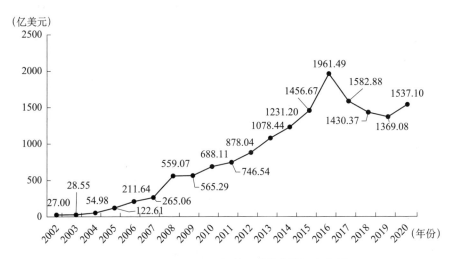

图3－19　2002～2020年中国对外直接投资净额

资料来源：根据商务部历年《中国对外直接投资统计公报》整理绘制。

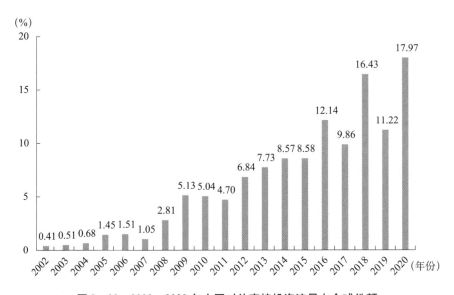

图3－20　2002～2020年中国对外直接投资流量占全球份额

资料来源：根据商务部历年《中国对外直接投资统计公报》整理绘制。

与此同时，中国对外直接投资总量全球位次不断攀升（见图 3 - 21），最高位次为 2，2018 ~ 2020 年连续三年位居第 3。

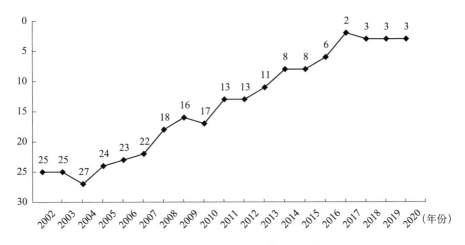

图 3 - 21 2002 ~ 2020 年中国对外直接投资流量全球位次

资料来源：根据商务部历年《中国对外直接投资统计公报》整理绘制。

三、中国国际移民现状

据《世界移民报告 2022》显示，中国是主要移民流出国之一，2015 年外移人口数量位居全球第四、2019 年位居第三、2020 年位居第四，并且移民流出呈增长趋势（见图 3 - 22），但 2015 ~ 2020 年增长势头有所放缓。《中国国际移民报告 2020》数据显示，中国获得美国 EB - 5 签证的人数 2015 ~ 2019 年呈现五连跌，EB - 1 签证的人数也有所回落，2019 年不到上年的一半①。与此同时，高学历、高层次人才回流加速。2021 年，中国回国创新创业的留学人员首次超过 100 万人，共计发放 118 万张外籍人员来华工作许可②。

---

① 资料来源：全球化智库《中国移民报告 2020》（http：//www. ccg. org. cn/archives/61145）。

② 资料来源：2022 年 5 月 26 日，中国科技部部长王志刚在第二十届中国国际人才交流大会发表主旨演讲（https：//www. chinanews. com. cn/gn/2022/05 - 26/9764479. shtml）。

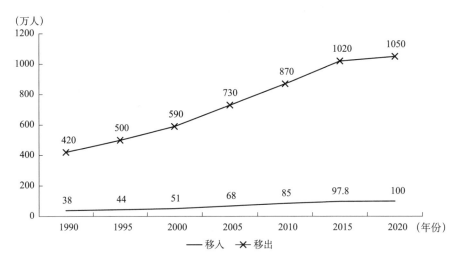

图 3 – 22　1990 ～ 2020 年中国移民概况

资料来源：联合国移民署发布的《国际移民报告 2022》。

四、中国贸易救济概述

作为一个发展中国家，中国却是贸易保护的主要受害者，遭受贸易救济位居所有 WTO 成员首位。2000 ～ 2007 年，针对中国产品的贸易救济为 639 起，占比 30.8%；2008 ～ 2015 年为 760 起，占比 37.7%；2016 ～ 2020 年为 534 起，占比 32.4%。同时期，由中国发起的贸易救济数量远远小于所遭受的（见表 3 – 10）。

表 3 – 10　　　　　　　　2000 ～ 2020 年全球贸易救济情况

年份	全球（起）	中国			
		遭受（起）	占比（%）	发起（起）	占比（%）
2000 ～ 2020	5725	1933	33.8	304	5.3
2000 ～ 2007	2072	639	30.8	141	6.8
2008 ～ 2015	2014	760	37.7	89	4.4
2016 ～ 2020	1649	534	32.4	74	4.5

资料来源：中国贸易救济信息网统计数据。

　　中美作为全球最大的发展中国家和发达国家，在实施和遭受贸易保护上却有天壤之别。数据显示（见图3-23），全球对美国发起的贸易救济数量远低于针对中国发起的；同时，美国对于中国发起的贸易救济数量也远远超过中国对美国发起的数量，并且大多数情形是美方率先对中国发起贸易救济，中方被动"迎战"。

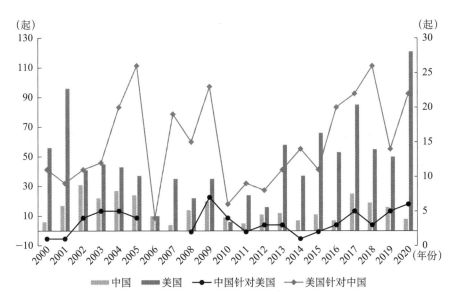

图3-23　2000~2020年中美发起贸易救济对比

资料来源：笔者根据中国贸易救济信息网数据绘制。

第三节　中国工业企业生存概况

　　伴随中国对外开放程度的不断提升，我国企业特别是中小型企业，生产经营活动开始跨出国门、迈向世界。企业实施国际化战略过程中，机遇与风险并存，需面临诸多风险、挑战和不确定性，这对企业生存将产生影响。

　　结合全球化发展概况，本书进一步对身处其中的中国工业企业生存状况进行动态比较和分析，从而考察在变化的世界经济环境中，中国企业的生存现状。

一、企业生存总体概况

为了更加全面、准确地把握中国工业企业的生存特征，本节选取 2000～2013 年中国工业企业数据，该数据涵盖了我国（港、澳、台地区除外）全部国有企业及规模以上非国有企业。本节目的在于总体描述企业生存状况，因此，并未对数据库作过多剔除，仅删除成立年份缺失和不合理的观测值①，在对年度数据进行跨年合并后，对企业生存状况进行基本描述性统计。

通过对 2000～2013 年新成立企业、退出企业等生存数据进行分析，工业企业生存时间总体上呈现如下特征。

（1）近 40% 的企业年龄在 7 年以下。截至 2012 年底②，全部国有及规模以上工业企业数量为 322682 家，生存时间在 3 年以下的企业 18000 家，占全部企业数量的 10.51%；3～7 年的 82272 家，占比 25.49%；7～10 年的 71666 家，占比 22.21%；10 年以上的 134819 家，占比 41.79%（见图 3–24）。

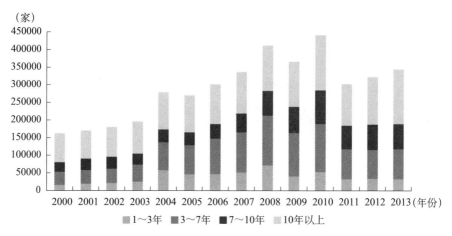

图 3–24 2000～2013 年全部国有及规模以上工业企业年龄分布

资料来源：笔者根据 2000～2013 年中国工业企业数据库整理绘制。

---

① 通过对数据库的整理，成立年份大于 2013 年、成立年份小于 1600 年、成立年份明显不符合常理的，手工通过天眼查和国家企业信用信息公示系统予以纠正或删除。

② 根据生存分析特点，2013 年为观察期最后一年，无法得知企业是否死亡，故在此部分只列举到 2012 年。

（2）退出市场①的企业呈现波动态势，但总体来说在逐年下降。2012年退出企业为30997家，相比2007年下降47.38%，死亡率②总体呈现波动态势（见表3－11和图3－25）。

表3－11　　　2000～2012年全部国有及规模以上工业企业退出情况

年份	存续		失败		企业总数（家）
	数量（家）	比例（%）	数量（家）	比例（%）	
2000	130630	80.48	31680	19.52	162310
2001	150201	88.14	20204	11.86	170405
2002	159290	88.21	21300	11.79	180590
2003	161119	82.11	35103	17.89	196222
2004	238133	85.45	40536	14.55	278669
2005	248978	92.23	20982	7.77	269960
2006	277633	92.03	24060	7.97	301693
2007	277848	82.50	58918	17.50	336766
2008	364810	88.50	47382	11.50	412192
2009	300358	82.04	65765	17.96	366123
2010	271820	61.58	169594	38.42	441414
2011	292875	96.81	9666	3.19	302541
2012	291685	90.39	30997	9.61	322682
2013	344874				344874
总数	3510254		576187		4086441

资料来源：笔者根据2000～2013年中国工业企业数据库整理。

二、生存时间③分布特征

（1）研究显示，成立之初的五年内企业累计死亡近1/3，生存8年以

---

① 本书企业"退出市场"，指企业最后一次出现在研究期内（2013年除外），并且后续年份不再出现。

② 企业死亡率＝当年退出市场企业数量/当年全部企业数量。

③ 企业"生存时间"主要指，企业从建立到最后一次出现在研究期内（2013年除外）的间隔时间，即企业年龄，具体计算方法为：企业年龄＝最后一次出现的年份－企业成立年份＋1。

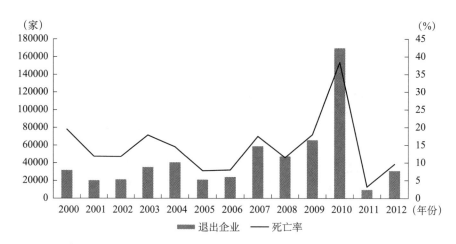

图3-25　2000~2012年全部国有及规模以上工业企业退出情况

资料来源：笔者根据2000~2013年中国工业企业数据库整理。

上的不到半数。考察新设立企业，其累计存活率①逐年降低（见图3-26）。企业成立后第5年累计存活率为68.9%，表明三成以上的企业已经消亡；至第9年累计存活率为49.6%，即超过半数的企业生存不超过8年。随着企业生存延续，累计存活率逐步下降，第13年只有38.8%的企业还留在市场。

（2）创立后3~7年进入生存瓶颈期，此时企业死亡高发。平均死亡率②呈倒"U"型分布，成立之初死亡率最高，即前高后低、前快后慢（见图3-26）。

企业创立7年内死亡率较高，随后缓慢下降（见图3-27）。其中，成立1~3年期间，成立当年（即第1年）的平均死亡率为10.92%，第2年攀升至15.72%，第3年为15.92%达到顶峰；接下来的3~7年死亡率仍然处于较高水平，直至第7年后才渐趋平缓，达到平均水平（10.40%）之下。上述现象表明新创企业符合"进入期劣势"假定，即成立之初面临

---

① 累计存活率：t年成立企业在$t+n$年末的存活率=t年成立企业存活至$t+n$年末的企业数量/t年成立企业数量。将研究期内历年成立的企业在$t+n$年末的存活率进行加权平均，即为$t+n$年累计存活率。

② 死亡率指当前存活企业在下一年死亡的概率。将之前成立企业的死亡率取加权平均值，即为平均死亡率。

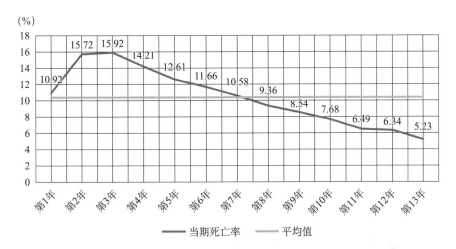

图 3-26 企业当期平均死亡率曲线

资料来源：笔者根据 2000～2013 年中国工业企业数据库整理绘制。

较大风险，第 3 年达到死亡顶峰；而一旦安全度过了"七年之痒"，其死亡率有所下降，即生存状况有所改善。

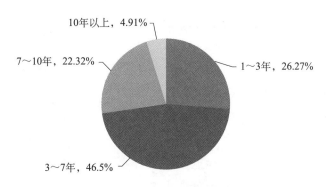

图 3-27 死亡企业年龄分布

资料来源：笔者根据 2000～2013 年中国工业企业数据库整理。

（3）2000～2012 年退出市场的企业平均寿命[①]为 5.64 年，其中超半数企业寿命不超过 5 年[②]。成立 4 年退出市场的企业共有 38868 家，占全部退

_____

① 企业平均寿命 = 某一时段内退出市场的企业寿命总和/退出市场的企业数量总和。

② 2012 年 CHINA HRKEY 发布的《中国中小企业人力资源管理白皮书》调查显示，中国中小企业的平均寿命仅为 2～5 年，集团企业的平均寿命为 7～8 年。

出企业的 12.61%；成立 5 年退出的企业共 38063 家，占比为 12.35%；寿命小于 5 年的企业共有 157891 家，占比为 51.23%。

三、企业生存的行业特征

（一）退出市场的企业所属行业相对集中

2000～2012 年底累计退出的工业企业中，通用设备制造业高达 43949 家，位居第一；纺织业紧随其后，为 43156 家；非金属矿物制品业 43118 家，位居第三。上述 3 个行业共计 248.54 万家退出市场，占比高达 63.0%，是退出市场企业的主要来源（见表 3－12）。

死亡率排在前列的行业与美国对中国加征关税上榜行业高度重合，其中通用设备制造业（1）、纺织业（2）、化学原料及化学制品制造业（4）、金属制品业（5）、电气机械及器材制造业（6）、塑料制品业（9）、交通运输设备制造业（10）均遭遇美国加征关税（见表 3－12）。

（二）行业内进入与退出呈现高度相关性，"大进大出"现象普遍

行业内企业进入与退出高度相关，呈现"大进大出"局面。由图 3－28 和图 3－29 可知，进入率前 10 位的行业与退出率前 10 位的行业高度重合；同时，进入率后 10 位的行业与退出率后 10 位的行业也存在重合现象（见图 3－30）。

究其原因，高进入率、高退出率的行业一般门槛较低，进入相对自由；但进入壁垒低同样会导致行业内竞争比较激烈，从而企业退出率也较高。

观察采矿业、石油和天然气开采业、燃气及水生产和供应业、烟草制品业等进入率低的行业，通常存在较高的资金、技术和政策限制等进入壁垒，从而使得新企业难以进入。与此同时，这类行业内的竞争压力相对较低，企业生存状况稳定。木材及竹材采运业、废弃资源和废旧材料回收加工业等行业则因为市场规模较小，行业利润率维持在正常水平，呈现低进低出的平稳特征。

表 3-12　死亡企业行业分布情况

单位：家

行业	2000 年	2001 年	2002 年	2003 年	2004 年	2005 年	2006 年	2007 年	2008 年	2009 年	2010 年	2011 年	2012 年	汇总	排名
煤炭开采和洗选业	517	253	302	530	785	589	886	1798	1518	2253	2145	354	1101	13031	15
石油和天然气开采业	15	11	10	15	29	23	13	40	59	87	56	4	16	378	38
黑色金属矿采选业	131	77	69	186	248	190	189	599	497	782	1166	124	405	4663	31
有色金属矿采选业	387	165	190	315	164	88	148	1003		611	480	84	539	4174	32
非金属矿采选业	438	270	279	555	377	194	230	588	485	771	1662	117	290	6256	28
其他采矿业	3	2	1	5	3	3	4	3	4	6	17	1	5	57	40
木材及竹材采运业	107	57	346								1			511	37
农副食品加工业	2704	1755	1643	2592	2130	1062	1377	3052	1978	3858	6128	465	1434	30178	7
食品制造业	1046	722	710	982	962	454	520	1072	719	1170	3161	164	515	12197	17
饮料制造业	804	487	541	794	530	274	315	812	489	800	1897	93	321	8157	22
烟草制品业	47	39	45	55	40	25	31	28	6	20	32	4	4	376	39
纺织业	2263	1375	1807	2513	3665	1652	1622	4410	4002	4917	12002	752	2176	43156	2
纺织服装、鞋、帽制造业	1284	821	928	1875	1722	1103	1099	2404	2367	3406	9615	481	1234	28339	8

全球化对中国工业企业生存的影响研究

续表

行业	2000年	2001年	2002年	2003年	2004年	2005年	2006年	2007年	2008年	2009年	2010年	2011年	2012年	汇总	排名
皮革、毛皮、羽毛（绒）及其制品业	621	406	459	831	912	556	575	1189	1030	1392	3373	224	586	12154	18
木材加工及木、竹、藤、棕、草制品业	693	440	526	915	713	519	501	1639	1342	2011	4233	194	726	14452	13
家具制造业	358	196	234	446	400	274	286	735	591	811	3234	128	428	8121	23
造纸及纸制品业	829	588	575	1062	945	641	672	1351	1110	1340	4193	220	623	14149	14
印刷业和记录媒介的复制	733	485	481	755	911	434	707	700	683	1007	4299	144	296	11635	20
文教体育用品制造业	317	227	227	416	389	271	239	665	534	603	2281	84	243	6496	27
石油加工、炼焦及核燃料加工业	256	140	150	263	399	270	356	713	398	500	808	79	620	4952	30
化学原料及化学制品制造业	2008	1365	1334	2244	2489	1370	1455	3669	3051	3977	9331	577	1797	34667	4
医药制造业	524	363	443	704	524	298	295	809	527	807	1590	80	365	7329	26
化学纤维制造业	107	98	76	144	275	101	85	203	220	179	519	61	160	2228	34

续表

行业	2000年	2001年	2002年	2003年	2004年	2005年	2006年	2007年	2008年	2009年	2010年	2011年	2012年	汇总	排名
橡胶制品业	364	201	187	327	455	222	231	526	474	565	1738	98	273	5661	29
塑料制品业	1168	831	892	1490	1761	890	907	2329	2236	2670	9278	458	1063	25973	9
非金属矿物制品业	2958	1652	1737	3157	2573	1476	1791	4177	3235	5279	12091	755	2237	43118	3
黑色金属冶炼及压延加工业	749	481	515	763	1194	668	729	1466	1075	1287	2029	226	649	11831	19
有色金属冶炼及压延加工业	434	316	333	511	749	382	481	3190		1272	2039	240	2642	12589	16
金属制品业	1527	1011	1089	1786	2146	1076	1054	3148	3211	3774	12626	496	1413	34357	5
通用设备制造业	1754	1172	982	1805	3119	1319	1323	3815	4542	5347	15733	797	2241	43949	1
专用设备制造业	1226	775	717	1171	1935	766	877	2387	2147	2535	8443	386	1241	24606	11
交通运输设备制造业	1535	949	964	1406	2039	792	977	2428	1967	3296	7726	455	1304	25838	10
电气机械及器材制造业	1343	992	890	1550	2342	1137	1098	2897	2823	3388	10379	614	1782	31235	6
通信设备、计算机及其他电子设备制造业	742	525	479	787	1406	700	712	2055	1637	1895	5687	328	1111	18064	12

续表

行业	2000年	2001年	2002年	2003年	2004年	2005年	2006年	2007年	2008年	2009年	2010年	2011年	2012年	汇总	排名
仪器仪表及文化、办公用机械制造业	341	262	222	420	649	303	332	691	631	765	3013	92	335	8056	24
工艺品及其他制造业	584	338	431	783	557	368	406	1019	795	1083	3514	160	421	10459	21
废弃资源和废旧材料回收加工业				20	80	49	49	140	169	226	421	29	133	1316	35
电力、热力的生产和供应业	538	242	349	716	572	274	658	885	561	693	1641	73	198	7400	25
燃气生产和供应业	32	26	22	44	62	29	23	73	70	84	155	6	25	651	36
水的生产和供应业	169	77	98	167	278	140	805	207	194	297	856	16	40	3344	33

资料来源：笔者根据2000～2013年中国工业企业数据库整理。

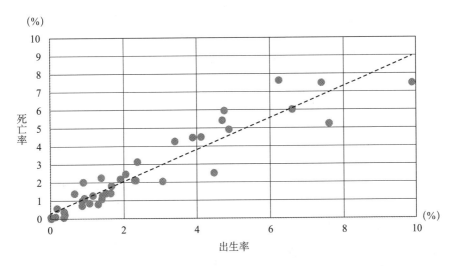

图 3 - 28 2000 ~ 2012 年分行业企业平均出生率和死亡率矩阵

资料来源：笔者根据 2000 ~ 2013 年中国工业企业数据库整理绘制。

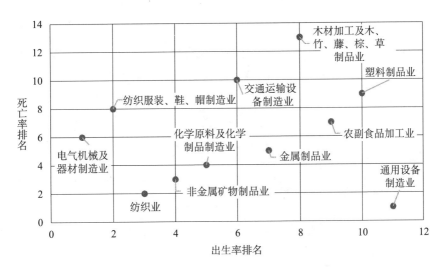

图 3 - 29 出生率前 10、死亡率前 10 行业矩阵

资料来源：笔者根据 2000 ~ 2013 年中国工业企业数据库整理绘制。

（三）企业退出与遭受贸易救济数量之间高度相关

由图 3 - 31 可知，2000 ~ 2013 年行业退出率前 10 位行业与遭受贸易

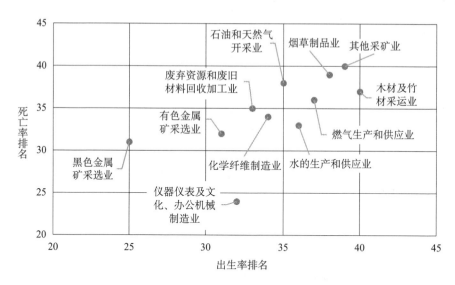

图 3-30　出生率后 10、死亡率后 10 行业矩阵

资料来源：笔者根据 2000～2013 年中国工业企业数据库整理绘制。

救济前 10 位行业高度重合，死亡率前 7 位行业均在遭受贸易救济前 10 位行业中。全球经济增长缓慢，日益高涨的贸易保护主义，使全球贸易和经济形势更加严峻。这在一定程度上也会波及我国，企业生存受到威胁。

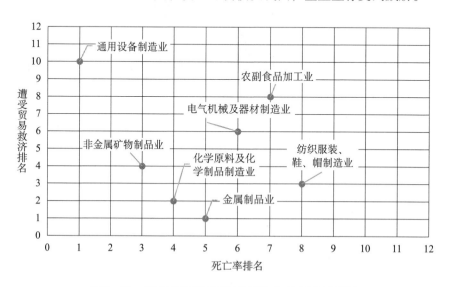

图 3-31　死亡率及遭受贸易救济均在前 10 行业矩阵

资料来源：笔者根据 2000～2013 年中国工业企业数据库整理绘制。

四、企业生存的地区特征

（1）东部、中部、西部地区企业生存年龄众数为 3 年，即成立后第 3 年企业死亡数量最多，死亡率达到顶点。

（2）不同省份的企业生存风险呈现差异。东部各省份企业的生存风险大多集中在成立后的 3～7 年；不同于东部地区，中部、西部地区生存风险分布则比较分散，从第 1 年到第 7 年不等；东北地区企业生存风险居高不下，前 7 年企业死亡率居于全国之首。

五、企业生存时间的国际比较

企业生存，尤其是中小企业生存问题，历来备受学术界和政府有关部门的关注，国内外存在大量企业生存相关研究。笔者查阅了一些国外相关研究的数据，希望能够一窥国外企业生存状况。

《财富》杂志显示，寿命不超过 5 年的美国企业高达 62%，而寿命在 50 年以上的仅占 2%。《日经实业》报告显示，日本企业平均存活时长为 30 年[①]。

欧洲和日本企业的平均寿命为 12.5 年（Geus，2002），美国企业的平均寿命为 8.2 年（许晓明和高健，2003），加拿大企业的平均寿命为 7.8 年（Thornhill & Amit，2003）

巴特尔斯曼等（Bartelsman et al.，2005）对 10 个 OECD 国家的企业数据进行分析，结果表明，20%～40% 的企业在成立后 2 年内就从市场退出，有 40%～50% 的企业可以存活超过 7 年。一般情况下，在既定的市场 1 年内离开市场的企业约占 5%～10%（郝前进和金宝玲，2011）。

通过对比可知，我国企业的生存状况与上述案例国家既有相似之处，又有自身的特点。

---

① 张鸿. 企业寿命问题研究 [J]. 商业研究，2005（16）：122－125.

第四节　本章小结

　　本章对全球化与中国工业企业生存的事实进行了细致梳理。首先，从贸易、投资等角度，对本轮全球化趋势进行描述；其次，总体把握了自改革开放以来，我国对外贸易的发展情况；最后，通过整理中国工业企业数据库对工业企业生存状况进行概括，使用描述性统计分析初步了解中国企业的生存状况，具体包括分地区、分行业企业生存状况等。

第四章

全球化对企业生存的影响机理分析^①

在已有研究的基础上，结合全球化与中国工业企业生存的现实考察，本章就全球化（逆全球化）对企业生存的影响机理进行理论分析，并据此提出研究假说，进而为下文的经验研究提供理论基础和影响机制分析。

第一节　全球化与企业生存

根据梅里兹（Melitz，2003）的异质性企业理论可知，参与进出口贸易会对企业生存带来冲击，生产率低下的企业会从国内国际两个市场退出，并将市场份额、利润转移至生产率高的企业，从而通过生产要素再分配途径提升整个行业的生产率。伴随着生产率提高和要素优化配置，经济实现发展，社会福利也随之上升。那么，在全球化进程中，各国产品、要素加速在全球流动，其对企业生存究竟会带来怎样的影响？是正面效应，还是负面效应？与此同时，当全球化发生部分逆转时，逆全球化是否也会给企业生存带来冲击？

---

① 由于全球化和逆全球化是一个硬币的正反面，因而接下来的机理分析不再严格细分全球化或逆全球化的影响，比如分析了全球化对企业生存的影响，那么逆全球化只需要反向推理。

一、全球化对企业生存的直接影响

根据 WTO 的定义，全球化是商品、资本、劳动力市场的一体化或其与世界市场的一体化，表现为各国商品、服务的贸易，资本流动的规模和形式不断扩大，以及技术的快速扩散、直接资本的流动和转让。全球化给企业生产经营、生存发展带来了机遇和挑战（Dominguez & Mayrhofer，2017）。

全球化鼓励自由贸易，倡导各国削减关税、减少非关税壁垒的使用，推动商品、服务、要素在全球不同国家间自由流动。全球化对一国经济发展起促进作用：首先，打破一国国内所面临的市场和投入的双重约束；其次，通过深化分工和市场扩张，可以促进技术创新，提高生产率；最后，对技术扩散和制度变革产生影响，从而改变要素累积机理，引导国内经济结构、产业结构调整。

贸易保护通常有两类：一类是以进口关税为主的关税壁垒；另一类则是以技术壁垒、反倾销、反补贴为主的非关税壁垒（NTBs）（余淼杰和蓝锦海，2020）。全球化通过减少贸易保护，从而对企业生存带来影响。

首先，中间品进口关税的变动，将通过改变投入成本、中间投入质量、多样性等途径对企业生存产生影响。当对中间品进口关税进行削减，进口企业的生产成本降低，价格不变情况下利润相应增长，或者下调价格而提高市场竞争力，从而改善生存状况；另外，企业通过提高中间投入的多样性和质量，从而增加产品种类，提升质量和生产率，提高企业生存概率。其次，推进贸易自由化还意味着降低非关税壁垒，减少技术壁垒、反倾销、反补贴、保障措施等政策的使用，从而有利于企业进入国际市场，通过扩展边际或集约边际对出口产生促进作用（王孝松等，2014），改善企业生存状况。

与此同时，全球化顺利推进有助于降低政策不确定性，企业进入外国市场的风险变小，从而为企业带来利好（Handley & Limão，2013、2015；Crowley et al.，2016）。关税削减、非关税壁垒减少以及不确定性的降低，都可以缓解出口企业退出市场的风险，改善生存状况。

中国积极参与全球化，尤其加入 WTO 之后，实施了贸易自由化政策，逐步采取降低关税、取消许可证等一系列举措，让企业可以获得进出口带来的诸多好处。同时，这也就意味着国内企业所享有的贸易保护在减弱，全球化进程中来自国际市场的激烈竞争使得本土企业经营面临压力。总体来说，全球化有助于企业生存。

二、逆全球化对企业生存的直接影响

当世界经济陷入低迷，经济缓慢复苏，部分发达国家出现了低增长、高失业率等问题，这些国家将自身问题归咎于发展中国家，并指责发展中国家挤压了发达国家的发展空间（张韦恺镝和刘强，2018），从而出现了全球化赢家和输家之争。目前，全球化成为矛盾焦点，贸易保护主义大行其道。各国纷纷加强贸易保护，实施关税和非关税贸易壁垒，从而抑制了进出口贸易（王孝松等，2014），恶化了企业经营绩效和融资状况（蒋为和孙浦阳，2016），加剧了出口企业退出市场的风险。

当出口目的国关税提高时，一方面会提高企业出口产品成本，从而降低进口商品竞争力和进口数量（Besedeš & Prusa，2006）；另一方面会提高市场进入壁垒，加剧市场竞争，因此，在位企业生存面临威胁，生产率低的企业则从行业中退出。

进一步，逆全球化加剧了政策的不确定性，亦会导致企业出口风险剧增（Handley & Limão，2013，2015；Crowley et al.，2016），进而引发生存风险。贸易政策不确定性加剧，使得企业谨慎进入出口市场，低质高价的企业会退出，出口份额在企业间重新分配。当不确定性进一步增加时，企业出口的交易成本和沉没成本随之上升，不利于企业对出口市场的预期，加剧了企业在出口市场的竞争，从而造成部分企业退出市场。因此，本节作出如下假设。

H1a：全球化正向影响企业生存。

H1b：逆全球化负向冲击企业生存。

第二节　全球化经由市场规模渠道影响企业生存

一、全球化与市场规模的因果关系

(一) 全球化与市场规模

全球化促进各种资源在全球范围内优化配置,推动各国间经贸往来日益密切。各国积极主动对外开放市场、推进贸易自由化,企业有效利用国内国际两个市场、两种资源,克服国内市场、资源的制约。全球化促进各国经济发展,居民收入得到大幅提升,增加了对本国和进口商品的需求。上述可知,全球化带来的贸易开放、需求扩大,拓展了市场边界,有效刺激了各国的出口贸易。

(二) 逆全球化与市场规模

为了应对经济萎缩、提振实体经济和增加国内就业,各国逐渐加强贸易保护,优先发展本国经济。在逆全球化举措所引起的外部冲击中,进出口交易首当其冲,造成全球贸易萎缩。当外部需求降低时,参与外贸的企业将面临订单减少与产能过剩的双重困境。贸易保护国减少对进口产品的需求,也会造成出口企业在国际第三方市场竞争更加激励,市场规模急剧下降。如此一来,企业经营状况将持续恶化,利润压缩势必影响到员工报酬,并存在潜在的裁员压力。降低雇员收入期望,下调消费水平后,国内消费市场也将随之出现不同程度的萎缩。

1. 全球经济衰退、需求萎缩,导致国际市场规模下降

当金融危机逐步蔓延至实体经济,主要经济体均出现不同程度衰退,从而带来全球需求不振,国际市场规模出现下降。在此情形下,实施贸易保护主义进一步导致全球经济运行效率受损,复苏缓慢。低速增长对有效

需求的恢复产生影响，经济缓慢增长又影响收入水平①，导致有效需求不足；在收入分配层面，经济缓慢增长迫使发达经济体采取更加宽松的货币政策，长期较低的利率水平拉大国家内部的收入分配差距，低收入者实际消费水平下滑严重。

2. 国际市场需求下降，导致中国企业出口受阻

贸易保护必然造成总体进口需求下降。施泰格和沃勒克（Staiger & Wolak，1994）的估算结果显示，美国征收反倾销税使得相关行业进口额平均下降17%。作为美国最大的贸易伙伴，当美国采取贸易保护，中国企业对美出口必然受挫。美国对中国采取反倾销政策，根据贸易转移效应，不仅会直接减低中国对美出口额②，还会通过连带效应（Bown & Crowley，2010），引发第三方国家减少从中国进口同类产品，带来更大程度的"冻结效应"（Vandenbussche & Zanardi，2006）③。

各国对中国发起的各类贸易救济行为，无论最终是否采取惩罚措施，都必然影响中国产品出口。另外，各种诉讼会增加涉案产品的出口成本，降低了产品竞争力；涉案产品出口到未发起反倾销诉讼的国家（Bown & Crowley，2007）亦会受阻。

3. 发达国家为恢复经济实施的"再工业化"战略，给中国工业企业出口带来影响

2008年金融危机之后，欧美发达国家为提振本国经济，纷纷实施"再工业化"战略，如美国的"NNMI计划"、德国的工业4.0平台、法国的"新工业法国"战略以及日本产业复兴计划等，旨在通过优先发展本国工业来支撑国民经济持续发展。上述举措必然使得这些国家加大国内供给、减少进口需求。这导致出口依存度比较大的中国，出现国际贸易增速减缓

---

① 根据国际劳工组织发布的《全球工资报告》，世界范围内工资收入增速尚未达到危机前水平，部分国家工资收入甚至出现下滑。

② 普鲁萨（Pursa，1997）考察反倾销的贸易转移效应，发现由于反倾销调查的发起，美国从非指控国的进口额第一年增长约20%，此后5年增长超过40%。

③ 2011年11月，美国商务部就正式对中国输美太阳能电池（板）发起反倾销和反补贴调查。紧接其后，欧盟于2012年9月正式宣布对中国光伏组件、关键零部件如硅片等发起反倾销调查，涉案金额高达200亿美元，这对中国的相关行业造成了毁灭性打击（王孝松等，2015）。

甚至是下降。

与此同时,发达国家的"再工业化"拉动低端制造业回归,不仅仅降低了对于中国同类产品的需求,也会在全球市场与中国企业形成新的竞争,进一步加剧了中国企业出口规模下降。

4. 跨国公司战略转移,带来的进口需求规模下降

跨国公司为了应对逆全球化带来的负面冲击,会改变其采购策略,生产布局和供应链策略一旦从"效率优先"转向"战略优先",势必影响供应链上的部分中国企业。长期以来,中国企业身处供应链的低端环节,受制于国内要素成本上升、创新不足以及信息化水平低等原因,很容易被替代。越南、墨西哥等国凭借自身劳动力、收入等优势,在低端供应环节与我国形成竞争,接收了部分跨国公司的制造环节,从而对中国出口造成影响。据此,本节提出如下假设。

H2a:全球化可扩大市场规模。

H2b:逆全球化则降低市场规模。

二、市场规模与企业生存的因果关系

市场是企业生存、发展、壮大的土壤。市场规模的扩大,意味着企业潜在市场份额有增加的可能,利润蛋糕会变得更大。当某一市场规模不断扩大而企业数量保持不变时,企业将面对更高市场需求,产品销量、利润也将增加,企业生存状况随之改善。

市场规模会影响企业经营战略(Buckley et al., 2007; Morschett et al., 2010; Rothaermel et al., 2006),进而对企业生存产生影响。首先,企业经营的战略目标之一是获得更多的客户(Ojala & Tyrväinen, 2006),规模巨大的市场显然可以提供更多潜在客户,为企业获得利润和成长奠定基础(Morschett et al., 2010; Randøy & Dibrell, 2002)。其次,规模巨大的市场意味着对产品和服务需求增多,企业可以通过扩大经营过程在采购、生产、运输等方面享受规模经济效应,降低平均成本(Buckley et al., 2007),提升企业竞争力,进一步扩大市场份额和利润。最后,规模巨大

的市场往往意味着在海量需求之外还存在多样性需求，即需求更多数量、更多种类的产品和服务，从而为大量提供差异化产品、服务的企业共存提供空间，避免企业间因同质化而带来的过度竞争，从而降低生存风险（Dollinger & Golden，1992；Rothaermel et al.，2006）。

（一）市场规模萎缩，致使生产率低的企业直接退出市场

长期以来，中国采用"加工贸易"的出口模式，出口产品质量偏低、过度依赖价格竞争等弊端日益显现，造成市场拥挤、内部竞争激烈（Amiti & Freund，2010；李坤望等，2014；叶宁华等，2014），加剧了出口企业生存风险。一旦国际市场规模萎缩、出口受阻时，"两头在外"的出口模式必将受到国际市场需求波动的影响。此时，可能会发生"出口倒灌"现象，造成国内市场的过度竞争，加剧了企业生存风险。

（二）市场规模下降造成需求萎缩，使得规模效应难以有效发挥，加剧企业生存风险

市场规模扩大所带来市场份额和利润，使得企业一方面有增加产量的动机，另一方面也有扩大再生产的资金保障，从而可以跨越最低有效规模（MES），获得规模效应（Damijan & Kostevc，2005），带来生产成本的降低（或者产量的扩大），提升企业竞争力，进一步扩大市场份额和利润，有效改善生存状况。

当出口市场规模萎缩时，出口企业的市场份额和利润将下降，产量会削减，难以达到最低有效规模（MES），从而无法享受规模经济带来的成本降低，其产品竞争力下降后市场份额和利润就会随之减少，使其最终退出市场。

（三）企业生存危机进一步加剧市场规模萎缩

市场份额压缩，会导致企业生产规模下降到最小有效规模之下，难以获得规模经济效应，阻碍了生产率的增长（Krugman，1987）。企业经营恶化和总产出下降，必然带来自身规模和利润的降低，一方面会导致工资性

和利润收入增长放缓，另一方面可能会迫使企业断臂求生，进行裁员。上述举措降低了企业员工的收入水平和消费能力，进而使得居民消费增长放缓，国内市场规模随之萎缩。据此，本节提出如下假设。

H3：市场规模与企业生存在因果关系。

综上所述，全球化及逆全球化经由市场规模渠道影响企业生存：首先，全球化及逆全球化对市场规模产生影响；其次，市场规模又会影响企业生存。

三、市场一体化的调节作用

市场规模是提高企业竞争能力的重要因素。坐拥规模巨大的国内市场，企业可在多个方面都具有优势，如更大的需求、更好的要素、更为健全的产业配套、更完善的制度等（Porter，1998）。

国内各地方政府为了本地利益，往往利用行政职权，采取补贴、税收优惠等措施支持本地企业（包括在本地注册的外地企业）以及吸引外来投资，人为干预企业发挥应有的整合效益，包括降低交易成本、扩大规模经济与范围经济。部分企业甚至动用种种手段"俘获"地方政府，争取地方政府的保护或者政策优惠，力图在本地市场建立优势。

市场分割行为将国内大市场人为分割成若干区域性市场，割裂了企业赖以生存的市场空间（张杰等，2010；全文涛和顾晓光，2019），抑制了企业市场需求规模的持续扩张，提高了企业市场开拓成本。市场规模的限制，也降低了企业创新的积极性，加剧企业经营风险，提高企业退出市场的概率。如果市场分割更多来自地方政府的保护，本地企业就会长期缺乏市场竞争，难以培育参与市场竞争能力并丧失改进动力；并且还易引发周边地区市场分割的"囚徒困境"，进一步加剧本地企业生存风险。

面对此种情形，为数不少的国内企业"舍内逐外"开始瞄准国际市场，走外向型经营之路。但全球化进程中，企业进入国际市场，必将面临激烈的国际竞争，遭受"外之不利性"。内外交困之下，企业生存状况亦不断恶化。因此，有效降低市场分割、推动统一大市场建设，一方面，可降低各地区的市场保护程度，消除区域间贸易壁垒，使得企业产品不仅可以在本地销售，也能够更加顺利地销售到国内其他区域。这有利于企业扩大投资规模，进行规模化生产，获取更丰厚的利润，从而提高生存能力。另一方面，减少对各种生产要素流动的限制，企业可以方便快捷地获取生产经营所需的相关配套产品及服务，从而顺利开展生产活动。

全球化背景下，中国本土企业立足于规模巨大的本土市场，企业凭借自身的创新或资源整合能力积极开拓本土市场，在激烈的国内竞争中得以生存发展；当本土市场效应（HME）发挥作用后，企业还可进一步选择"内销转出口"策略，实施对外出口和OFDI，逐步替代中国出口贸易的优势，从而孕育着出口竞争新优势（许德友，2015）。据此，本节提出如下假设。

H4：市场一体化在市场规模影响企业生存机制中起到调节作用。

第三节　全球化经由技术扩散渠道影响企业生存

在正式论述之前，先对"技术扩散"一词作出解释。通过查看已有文献，当前对于技术扩散存在多种表述形式，如"技术扩散""技术扩散效应""技术溢出""技术溢出效应""溢出效应""技术外溢"等。上述概念虽然在表述上不尽相同，究其实质是一致的，并且现有研究并未对其进行严格的界定，故本书未对其进行严格区分，以"技术扩散"加之统一。

一、全球化与技术扩散

（一）全球化与技术扩散

全球化进程中，商品、要素的跨国流动日益频繁。一国可通过国际贸易（Grossman & Helpman，1991；Coe & Helpman，1995）和FDI（Caves，1974；Mac Dougall，1975；Kokko，1992；Blamstrom & Kokko，1998）获取国外先进技术。首先，通过进口商品，直接购入国外资本设备、先进的中间投入品，可通过"干中学"（learning-by-doing）提高自身技术水平。而一国从事出口活动时，国外客户会对产品提出具体的技术标准并给出相应的技术改进建议，这有助于国内出口企业了解国际上相关产品技术的前沿，从而通过"出口中学"（learning-by-exporting）提高技术水平；另外，出口企业在国际市场通过与国外先进产品竞争还能获得提高自身产品的激励（Bernard & Ensen，1999；Evenson & Westphal，2005；Van Biessbroeck，2005）。

其次，通过吸引外资（FDI），丰裕的资金、领先的技术和先进的管理理念伴随而来，发展中国家得以提升本国技术创新水平（Javorcik，2004）。具体而言，引进 FDI 可通过示范—模仿效应（Findlay，1978）、关联效应（邓丽娜和范爱军，2014；石大千和杨咏文，2018）、人力资本效应（平新乔，2007）以及竞争效应（Wang & Blomström，1992），为东道国企业带来正向技术扩散。具体的影响机理如下：（1）示范—模仿效应：通过学习和借鉴国外先进技术和管理经验，以提升东道国企业生产率水平。（2）关联效应：FDI 可以通过产业关联为上下游企业带来技术扩散，从而形成规模效应，使得东道国企业有更多"干中学"的机会。（3）人力资本效应：跨国公司雇员流动尤其向东道国企业的流动，可同时将外企先进技术、管理经验转移至本国企业。（4）竞争效应：外资进入加剧了东道国行业竞争程度，倒逼本地企业向外资企业学习先进技术、管理经验，或者选择自主创新以求在激烈竞争中持续生存。

在上述渠道外，同时还存在 OFDI、合资企业、国际科技合作、技术人员的跨国流动等技术扩散渠道（Javorcik & Spatareanu，2008）。

（二）逆全球化与技术扩散

当全球化逆转时，各国纷纷寻求贸易保护，对外投资趋于谨慎，FDI 规模下降，技术扩散效应随之减弱。部分发达国家甚至直接采用禁售、限制采购等手段，阻碍国家间高技术产品的交流和传播，抑制了技术扩散的深度与广度。当贸易限制对象是技术转移时，将会直接对技术扩散产生影响。[①]

---

① 2022 年 7 月 19 日，美国通过了"芯片法案"，明确要求获得美国政府补贴的半导体企业，在未来十年内禁止在中国大陆新建或扩建先进制程的半导体工厂。

此时，技术需求方将无法通过正常交易获得所需技术和先进中间品，必将损害其竞争力。

发达国家"高端回流"、发展中国家"中低端分流"的双向挤压（刘玉书，2020），使得中国制造业大受影响。一方面，发达国家加大产业回流，通过技术霸权破坏全球价值链正常运转，直接限制对华技术扩散。另一方面，随着经济发展水平的提高和人民生活水平不断改善，我国劳动力等要素成本上升，低成本的比较优势被削弱，国际市场出现大量的低成本竞争者（如东南亚、中南美等国家）。部分东南亚和南亚等国家依靠资源、劳动力等低成本优势，在中低端制造环节与我国企业展开竞争，吸引跨国公司制造业转移。据此，本节提出如下假设。

H5a：全球化可促进技术扩散。

H5b：逆全球化限制技术扩散。

二、技术扩散与企业生存

发展中国家实施技术追赶以实现技术进步，既可以依靠自身努力进行自主创新，也可以引进与模仿外国先进技术，还可以在国际贸易和引进FDI过程中通过技术扩散实现。

一方面，技术扩散有助于东道国或企业进行技术创新。一国或者企业可以通过自主创新（R&D）、技术引进、FDI等途径，直接引入新技术，从而提升自身科技创新能力（刘小鲁，2011）。创新是企业生存之本，积极利用技术扩散进行创新的企业，往往可以在市场上树立和保持竞争优势，进而延长生存时间。

另一方面，技术扩散可带来先进管理经验。企业进口产品、吸引外资，客观上也会同步引入国外先进技术和管理经验，部分甚至能实现技术赶超。企业通过进口中间投入品、技术引进、吸引FDI等途径，可以获得新产品、新技术、先进的管理经验等，从而对技术创新活动产生重大的外溢作用（Aitken & Harrison，1999；Cheung & Lin，2004；范红忠，2007）。企业通过"出口中学"获得技术进步，或者从由市场规模扩大引发的报酬递增中获益,另外出口增长还使得企业可以提高要素利用率从而提升生产率、缓解融资约束(Berman et al.,2013)。

基于上述分析,本节提出如下假设。

H6:技术扩散可改善企业生存。

三、企业创新的调节效果

除积极影响之外,技术扩散还存在一定的负面影响,比如可能造成技术的路径依赖(王春法,2004;胡春力2006)、市场掠夺(Aitken & Harrison,1999;程培堽等,2009)、资源攫取等负面效应。

我国引进国外技术,尤其"以市场换技术",被证实并没有真正换来技术或换来真正技术。一方面,引进的企业创新能力薄弱(戴觅和余淼杰,2010;徐康宁和冯伟,2010),对引进的先进技术只是进行复制或简单模仿,没有消化吸收再创新,陷入"引进—落后—再引进—再落后……"的怪圈。另外,跨国公司可能采取设置技术壁垒或加强知识产权保护等手段,阻碍技术扩散(马林和章凯栋,2008)。

尽管制造(make)和购买(buy)决策之间具有替代性(Williamson,1985;Grossman&Hart,1986),但不可否认两者之间亦存在互补关系。引进国外先进技术并进行吸收借鉴进而模仿创新,也可以提升企业创新能力;企业具备相当的自主创新能力,亦有助于消化吸收国外先进技术[1],从而有效提升引进效果,进而激励企业创新(苏文喆和李平,2014)。因此,自由贸易使企业面临外部冲击时,更应该进行技术革新。[2] 这是因为,研发不仅可以带来直接的创新效应,还可以借由学习效应提高企业的吸收能力(Cohen & Levinthal,1989)。因此,为了提高技术吸收能力与效果,企业在技术引进的同时也需要加强研发能力。这也就解释了"为什么吸收能力强的企业在学习国外先进技术和经验时会更有效率"。据此,本节提

---

[1] 大量研究证明,企业研发水平可以提高对于技术的吸收能力(Kinoshita,2000;Griffith et al.,2004;Hu et al.,2005)。

[2] 部分实证研究也证实,当企业面临激烈的国际竞争时,会增加研发和专利投入,加速自主创新(Bloom et al.,2012;Iacovone et al.,2013;Dai & Yu,2012)。

出如下假设。

H7：企业创新在技术扩散影响企业生存机制中起到调节作用。

第四节 全球化经由融资约束渠道影响企业生存

一、全球化与融资约束

融资约束是影响企业生存的重要因素。而积极参与全球事务，可在一定程度上缓解企业自身融资约束。

（一）参与进出口贸易与融资约束

企业积极参与出口，能有效缓解自身融资约束。相比非出口企业，出口企业往往在规模和生产率上更具优势（Clerides et al.，1988；Bernard & Jensen，1999；Delgado et al.，2002），进入多个市场增强了应对需求冲击的抵抗力，从而获得更加稳定的收益（黄玖立和李坤望，2006；Bridges & Guariglia，2008）；同时，企业还可以利用国际市场进行融资，形成对国内信贷市场的有益补充，有助于缓解融资约束（Tornell & Westermann，2003）。另外，企业参与出口可视为进一步向金融市场释放其拥有竞争优势信号（Ganesh-Kumar et al.，2001；盛丹等，2014），能增强投资者信心，吸引更多的外部投资。

具体而言，中间品贸易自由化可以降低企业成本、提升产品质量，提高出口利润、增加内源资金，缓解企业融资约束（彭冬冬和杜云苏，2016），尤其相较于从事一般贸易的企业；最终品自由化则通过成本效应，降低进口商品的消费成本，使进口国减少消费资金，将更多资金用于投资。

（二）国际资本流动与融资约束

1. FDI 与融资约束

通过引入国外资本，东道国企业可能会缓解自身融资约束。FDI 将通过以下渠道缓解企业融资约束。第一，企业获得国外资本，可为生产经营、创新研发行为提供资金支持，提升企业竞争力，使企业占据更多的市场份额，从而增加企业内源资金。第二，FDI 投资方一般需要经过仔细调查，将资金投向生产率高、发展前景好的优质企业。因此，外商投资行为可传递积极信号，减少资本市场信息不对称问题，使得引入 FDI 的企业更容易获得投资进而缓解融资约束。第三，外资参与企业可以利用国内国际两个金融市场，这样一来，既拓宽了融资渠道，又降低了融资风险。并且，当国内经济出现波动时，外资参与企业可以向母公司争取资金支持，从而缓解融资约束。

2. OFDI 与融资约束

对外直接投资（OFDI）也可以缓解企业融资约束（Helpman et al.，2004；张先锋等，2017；刘峻峰和李巍，2022）。

第一，企业进行 OFDI，同时在国内国际两个市场经营，综合考虑市场、行业和企业自身状况，可以利用两个资本市场，优化国内国际投资组合，进而降低风险，既拓宽了融资渠道、增加投资收益，又缓解了融资约束。

第二，企业进行 OFDI，可以充分了解国外市场状况，包括消费者偏好、价格、质量等信息；并且，在出口目的国国内生产有助于绕开贸易壁垒，扩大出口、提高销售额、获取更多利润，提升内源性融资能力。

第三，相较于只在国内投资，OFDI 往往意味着更高的沉没成本，通常只有生产率更高的企业才会进行 OFDI。因而，企业的 OFDI 行为，可以发挥信号机制，传递"品牌声誉"，赢得资本市场青睐，融资约束可以得到缓解。

第四，企业通过 OFDI 行为，与国外先进企业产生业务往来，能获得技术扩散以及提升自身创新能力，提高生产率。

第五，企业进行 OFDI，可以享受到国内外政策的双重支持。一方面，母国会给予 OFDI 企业政策支持；另一方面，东道国也可能会通过信贷优惠、资金补贴等优惠措施，积极吸引外资。

（三）国际人口流动与融资约束

全球化推动国际人口流动，伴随此过程，会带来大量移民汇款。联合国移民署最新发布的《世界移民报告2022》显示，2020年向低收入和中等收入国家的移民汇款规模高达5400亿美元，其中，中国约为595.1亿美元，位居第二。①

移民汇款作为纯粹的外来资金，是母国居民收入的一个补充。对于很多发展中国家，尤其国内金融发展落后的国家来说，移民汇款将缓解母国居民参与投资的资金约束，可以增加本国的投资规模，推动本国经济发展。直接投资之外，移民汇款可作为贷款担保，提高居民信用度，在投资时可借入更多资金。移民汇款还可以纳入一国主权信用评级，能将部分发展中国家得分提高一到三个等级（Ratha，2003）。上述特征将发挥信号机制，从而使得发展中国家得以利用国际金融市场，以较低成本筹集所需资金并为其发展项目提供融资。

综上所述，企业积极参与全球化进程，可以有效缓解其融资约束，而一旦全球化发生逆转，上述效应可能大打折扣。因此，本节提出如下假设。

H8a：全球化能缓解融资约束。

H8b：逆全球化加剧融资约束。

二、融资约束与企业生存

企业生存、发展和壮大，离不开资金支持。资金来源自企业内部和外部，两者具有替代性（Modigliani & Miller，1958）。当企业内部资金不足时，则需要进行外部融资。由于金融市场不完善等原因，企业常常面临外部融资约束。

融资约束从多个方面影响着企业行为，例如，固定资产投资、广告投

---

① 资料来源：联合国移民署《世界移民报告2022》。

放、创新投资等方面。融资约束也是导致企业从市场退出的重要原因（Bolton & Scharfstein，1990），尤其当企业遭遇经营危机时，能否及时获得资金支持对其生存至关重要（Zingales，1998；Guariglia，1999）。融资约束还会通过影响企业生产率（Banerjee & Duflo，2005；Levine，2005）、研发费用或创新投资（Winker，1999；Constantini & Melitz，2008；Bustos，2007）等，削弱企业竞争力，影响企业生存。而能够筹集到大量外部资金的企业则表现出更高的增长率，能够实现更快的增长（Carpenter & Petersen，2002）。

因而，具有高盈利能力和流动性等良好业绩指标（Ohlson，1980）、有更大规模金融资本、保守型借贷、固定资产规模（Fotopoulos & Louri，2000）、较低初始杠杆水平（Huynh et al.，2012）、财务健康等的企业，其生存的概率会越高。据此，本节提出如下假设。

H9：融资约束会恶化企业生存状况。

三、金融发展水平的调节作用

金融发展水平提高，意味着金融市场发达、体系完善，有利于降低资金交易成本、增加资金交易便利性、拓宽企业融资渠道（Levine，1997；Acemoglu & Zilibotti，1997；沈红波，2010），还能缓解企业投融资过程中的信息不对称，增强外部投资者和企业管理者之间的信息沟通（Greenwood & Jovanovic，1990），并通过有效的资源配置，缓解企业融资约束，进而改善企业生存状况。据此，本节提出如下假设。

H10：金融发展水平在融资约束影响企业生存机制中起到调节作用。

第五节　本章小结

本章旨在构建理论模型（机制分析），并提出研究假设来诠释全球化及逆全球化如何影响企业生存。在进行相关文献系统梳理和现实考察的基础上，本章首先对研究所涉及的各个变量——全球化、逆全球化、市场规模、技术扩散、融资约束、市场一体化、企业创新、金融发展程度以及企业生存进行了内涵界定，并依据研究问题和研究目标对各变量的维度进行了划分。本章分析了全球化、市场规模、技术扩散、融资约束、市场一体化、企业创新、金融发展水平对企业生存的影响机理，据此推导了全球化与企业生存之间的总效应假设，提出市场规模、技术扩散、融资约束是全球化影响企业生存的重要渠道假设（见表 4 - 1），市场一体化、企业创新以及金融发展水平能够发挥调节作用。

表 4 - 1　　　　　　　　　　研究假设一览表

效应	变量关系	研究假设
直接 效应	全球化/逆全球化 与企业生存	H1a：全球化正向影响企业生存。 H1b：逆全球化负向冲击企业生存。
影响 机制	全球化/逆全球化、 市场规模与企业生存	H2a：全球化可扩大市场规模。 H2b：逆全球化降低市场规模。 H3：市场规模与企业生存有因果关系。 H4：市场一体化在市场规模影响企业生存机制中起到调节作用。
	全球化/逆全球化、 技术扩散与企业生存	H5a：全球化可促进技术扩散。 H5b：逆全球化限制技术扩散。 H6：技术扩散可改善企业生存。 H7：企业创新在技术扩散影响企业生存机制中起到调节作用。
	全球化/逆全球化、 融资与企业生存	H8a：全球化能缓解融资约束。 H8b：逆全球化加剧融资约束。 H9：融资约束会恶化企业生存状况。 H10：金融发展程度在融资约束影响企业生存机制中起到调节作用。

 第五章

全球化影响企业生存的总效应检验

根据前文构建的理论框架，本书拟从三个层面进行实证分析：（1）第五章分析全球化对企业生存状态的直接影响，可称之为"总效应"；（2）第六章实证检验市场规模渠道、技术扩散渠道以及融资约束渠道，如何影响企业生存；（3）第七章检验逆全球化对企业生存的负面冲击，从而探究在全球化发展面临新变化（逆全球化因子膨胀）局面下，企业生存遭受何种影响。

第一节 引 言

中国自 1978 年实施改革开放之后，对外贸易取得巨大成就，贸易总额不断增加，进出口总额持续增长，年均增长率高达 18%，高于同期全球贸易额的 6%（盛斌和毛其淋，2011）。与此同时，从 20 世纪 90 年代起，中国实施贸易自由化改革，主动下调关税、减少非关税壁垒。2002 年入世后，中国自觉履行入世承诺，有计划、有步骤地推动贸易自由化（Rumbaugh & Blancher，2004）。

中国企业虽然表现出生存年限短、退出概率高的特点，但自改革开放以来，中国企业无论数量还是质量，也获得很大发展。数量上，无论大企业还是中小企业都逐年增长。第四次全国经济普查（以下简称"四经普"）

数据显示，截至 2018 年底，第二产业、第三产业企业法人达到 1857 万家，较 2013 年增加 1036.2 万家，增长 126.2%。数量大幅增长的同时，企业质量也不断提升。以全球 500 强榜单为例，在 1996 年，中国上榜企业只有屈指可数的 3 家，美国则有 153 家；2019 年中美上榜企业分别为 129 和 121 家，中国首次超过美国跃居第一。[①] 并且，2019 年营业收入中，中国大陆企业占比 23.9%，美国占比 28.8%，从而在质量上逐渐接近美国。英国品牌金融咨询公司（Brand Finance）发布的全球品牌价值 500 强中，2019 年中国品牌所占比例由 2009 年的 3.0% 上升至 19.0%，上榜品牌达 77 个，较之上年增加 11 个；上榜品牌数仅次于美国，位居第二。[②]

产业组织理论一直关注企业进入与退出问题，传统的市场结构三要素[③]就包括进入退出。在传统三要素中，进入退出壁垒是基础要素，其决定了产业竞争程度（Bailey & Baumol, 1984）。如果实行贸易保护主义，那么进口替代品的国内市场是不可竞争的；反之，在自由贸易政策下，进口替代品会大量进入国内市场，从而国内企业面临激烈竞争。从限制进口到进口自由化的转变，会带来国内市场的竞争程度激化（Tybout, 2003），提高国内企业的生存压力。因而，一国的贸易体制通过改变本国市场结构（Baumol & Lee, 2001），能决定企业的生存。

竞争程度加剧，冲击了国内企业的生存环境，带来企业生存状态的变化。市场竞争环境的变化，使得国内企业的市场份额和利润率出现下降，企业必须提高自身生产率、增强市场竞争力，才能生存进而获取利润（Tybout, 2003；Holmes & Schmitz, 2010）。与此同时，市场份额的压缩，进一步带来企业生产规模的减少。根据规模经济理论，这将导致企业难以享受规模经济进而影响生产率（Krugman, 1987；Young, 1991）。简泽等（2014）认为，贸易自由化带来的影响，需要区分不同类型的企业。

企业生存，特别是持续生存，是企业发展的基础。通过研究可知，企

---

① 资料来源：财富中文网（http://www.fortunechina.com/fortune500/index.html）。
② 资料来源：https://brandirectory.com/rankings/global/。
③ 三个要素具体为：买方、卖方数量；产品差别化程度；进入退出壁垒。

业生存压力既受企业自身能力决定，在很大程度上也来自外部因素的影响。那么，中国企业的生存状况与全球化浪潮是否有关联？换言之，全球化是否会影响中国企业生存？全球化所推行的贸易自由化是否会对中国企业生存产生影响，以及产生何种影响，是促进作用还是负面冲击？这些都是无法回避的现实问题。

中国加入 WTO 已有 20 余年，中国工业企业数据库、上市公司数据等微观企业数据已经十分翔实可靠，这为分析上述问题提供了可能性和可行性。

本章结构具体安排如下：第二节为模型设定、变量选择与数据来源；第三节为全球化影响企业生存的总效应检验（包括基准回归、稳健性检验和异质性分析）；第四节是本章小结。

第二节 模型设定、变量选择与数据来源

一、模型设定

生存分析方法最先被应用于医学、生物学领域，以探讨生物个体的存活和反应时间（逯宇铎等，2013）。由于对截断数据、删失数据的处理具有优势，生存分析此后在社会科学研究中得到广泛应用，例如，探讨初创企业存活时间、失业持续的时间、企业出口、研发活动的持续时间等。

生存风险模型包括参数和半参数模型，具体有指数分布、威布尔分布、对数—正态分布、伽马分布、冈珀茨分布、比例风险模型等。

进行生存分析，通常需要掌握两个信息，即样本中单个观测对象的起始时间（entertime）和兴趣事件的发生时间（failtime）。本书中，开始时间即为企业进入的时间，由于观察期为 2000～2013 年，因而只保留 2000～2013 年成立的企业，解决左删失问题；兴趣事件即为企业退出时间，即企业不再出现在样本数据中。

通常参数模型要求设定风险函数的具体形式，容易产生偏差。[①] Cox PH 模型是一种半参数估计模型，事先不需要设定基准风险（baseline hazard）的分布形态，能达到与正确的参数模型最接近的结论。因此，Cox PH 模型具有更强的稳定性。同时，Cox PH 模型将企业生存期和是否退出相结合，可以解决生存数据右删失的问题[②]。

因此，本书选择 Cox PH 模型研究贸易自由化对企业生存时间的影响，同时引入其他生存模型进行稳健性检验。

t 时期影响因素 x 条件下，企业生存风险函数为：

$$\lambda(t|x) = \lambda_0(t)e^{x'\beta} \tag{5-1}$$

其中，$\lambda_0(t)$ 表示基准风险，只受时间的影响，同一样本中的所有企业都面临相同的 $\lambda_0(t)$。x 为协变量，可以表示为 $x' = (x_1, x_2, \cdots, x_n)$；$\beta$ 为风险估计参数，$e^{x'\beta}$ 则是企业自身面对的相对风险。x 每增加一个单位，企业面临的新风险为原先风险的 e^{β}。具体地，如果 $e^{\beta} > 1$（即 $\beta > 0$），则企业的新风险较之原先有所增加；反之，如果 $e^{\beta} < 1$（即 $\beta < 0$），企业的风险降低。

个体 i 和个体 j 的风险函数之比可以表达为：

$$\frac{\lambda(t;x_i)}{\lambda(t;x_j)} = \frac{\lambda_0(t)e^{x_i'\beta}}{\lambda_0(t)e^{x_j'\beta}} = e^{(x_i-x_j)'\beta} \tag{5-2}$$

观察式（5-2），可以看出，个体 i 与 j 的风险之比并不随时间推移而发生变化，而是与 $(x_i - x_j)$ 有关。此时，我们可以不必假设基准风险 $\lambda_0(t)$ 的具体形式如何，仍然可以求出有关 β 的一致估计。为方便理解，我们可将上式表述如下：

$$ln\lambda(t|x) = \frac{ln\lambda(t|x_i)}{ln\lambda(t|x_j)} = X'_i\beta \tag{5-3}$$

[①] 参数模型如果对风险函数的设定正确，则 MLE 是最有效率的；反之，如果设定错误，则 MLE 一般将导致不一致的估计。事实情况是，我们对于风险函数的具体形式常常难以把握（陈强，2013）。

[②] 具体解释，可以参看鲍宗客（2016）的表述。

根据本书研究需要，具体模型设定如下：

$$\ln\lambda\,(t\,|\,x) = \alpha_0 + \alpha_1 kofgi_{it} + \alpha_2 kofgi_{it-1} + \alpha_3 CV_{it} + YEAR + IND +$$
$$DIST + \varepsilon_{it} \tag{5-4}$$

其中，$\ln\lambda\,(t\,|\,x)$ 为企业生存，$kofgi_{it}$ 为全球化指数，CV_{it} 为控制变量，$YEAR$、IND、$DIST$ 表示年份、行业、地区固定效应，α_i 为待估参数，ε_{it} 为随机扰动项。

二、变量设定

（一）被解释变量

本书考察全球化对企业生存的影响，采用 $\ln\lambda\,(t\,|\,x)$ 表示企业的生存风险率来作为被解释变量。

（二）核心解释变量

对于"全球化"的测度问题，不同研究采用不同方法。具体可归纳如下：（1）单个代理变量，选择单个变量作为代理变量。（2）联合测度，多个变量联合进行测度。（3）综合测度，将多个变量通过某种转换（主成分、因子分析）一个变量进行综合测度。

本书具体构建企业级全球化指数用于反映企业遭受的全球化程度。具体构造方法如下。（1）企业层面全球化指数 $kofgi_{firm}$。利用 KOF 全球化指标按照企业出口量/进口量进行加权，分别求得企业层面的进口 KOF 和出口 KOF，按照进出口额进行加权，求得企业层面全球化指数。（2）行业层面全球化指数 $kofgi_{cic}$。利用 KOF 全球化指数按照行业出口量进行加权。

其中，KOF 全球化指标由德雷赫（Dreher, 2006）提出（Dreher et al., 2008）并进行了更新，从经济、社会和政治维度衡量世界上每个国家全球化程度的综合得分。KOF 指数一经提出，现已成为文献中使用最广泛的全球化指标（Potrafke，2015）。

本节数据区间为2000～2013年，其中2008年发生的金融危机[①]，对全球经济产生较大影响。因而，在解释变量中引入 $crisis_{2008}$ 虚拟变量来代表上述事件。具体而言，2008年及其以后各年 $crisis_{2008}=1$，2008年以前 $crisis_{2008}=0$。借鉴布兰查德和沃尔夫斯（Blanchard & Wolfers，2000）、佩尔森和塔贝里尼（Persson & Tabellini，2003）、徐现祥和李郇（2012）、毛其淋和许家云（2016a）等的做法，本书采用交乘项来识别上述事件冲击的影响。

（三）控制变量

鉴于数据的可获得性与完备性，选择的控制变量既包括企业层面的个体特征，还包括行业层面特征及地区层面特征。

1. 企业个体特征

（1）企业规模（size）。现有文献采用多种方法来度量企业规模，资产、销售收入和雇员数都被用于进行衡量（Chrisman et al.，2005；杜传忠和郭树龙，2012）。但资产、销售收入容易受到通货膨胀、汇率等因素影响，且不同行业、地区间存在差异，难以比较。因此，使用雇员数来进行衡量，相较于资产、销售收入更为合理（杜传忠和郭树龙，2012；吴先明等，2017）。鉴于绩效与规模间可能的非线性关系，同时引入 $size$、$size^2$ 两个指标（Colombelli et al.，2013）。

（2）企业年龄（age）。采用样本观测年份与企业成立年份之差来衡量。将企业规模与年龄加入回归，检验中国企业是否遵从吉布雷特法则（Gilbert's law）。

（3）企业生产率（lp）。2007年以后中国工业企业数据库没有继续汇

---

① 需要强调的是，2008年9月，或者更具体地说，雷曼兄弟（Lehman Brothers）的倒闭通常被视为危机的开始，而爱尔兰银行纾困从2008年12月开始成为新闻头条。鉴于危机发生的确切时间模糊不清，而且只能获得年度观察数据，我们使用了危机变量的两种定义：一种始于2008年（用于基准回归），另一种始于2009年（用于稳健性检验）。

报企业中间投入、增加值等指标，因此无论是 Normal 法、OP 法、LP 法，进行全要素生产率（TFP）测算，都无法保证其有效性①。遵循谢申祥和冯玉静（2018）的思路，本书使用劳动生产率来度量企业生产率，用人均总产值表示，其中企业总产值以 2000 年 GDP 价格指数进行平减。

（4）资本密集度（klratio）。本书采用固定资产净值年平均余额除以从业人员年平均人数并进一步取对数值来衡量。资本密集型更注重设备更新和研发投入，从而对企业生存产生影响。

（5）企业利润率（profit）。本书采用企业净利润与销售额的比值来衡量，其中"企业净利润 = 利润总额 − 补贴收入"（邵敏和包群，2011）。盈利企业比亏损企业有更好的生存前景，具备扩大生产、投资研发活动的资本。所以，将利润率加入回归模型是必要的。

（6）国有企业虚拟变量（state）和外资企业虚拟变量（foreign）。以国有资本和外商资本占实收资本的比重进行衡量。如果计算比重超过 50%，则将企业认定为国有企业或外资企业。构建一个二维虚拟变量 state，用以定义是否为国有企业（如果是国有企业，则 state =1；而非国有企业 state =0）；foreign 用以定义是否为外资企业（如果是外资企业，则 foreign =1；非外资企业则 foreign =0）。中国当前正处在经济转轨时期，不同的所有制企业所面对的生产、经营环境、内部管理体制等都存在差异，会对企业生存产生不同影响。

（7）外贸参与度（trade）。以企业是否参与进出口来衡量，此时需构建一个二维虚拟变量，若企业进出口额不为 0，则取值为 1，否则取值为 0。大量研究表明，外贸参与程度较高的企业，可以通过进出口行为提高其生产率、缓解融资约束等，抗风险能力将得到提升。与此同时，外贸参与度高意味着企业的国际联系愈发密切，其自身经营活动易受国际形势影响，进而影响其生存状况。

---

① 关于 2008 年之后计算企业全要素生产率的争议，有兴趣的读者可参看余壮雄等（2015）的论述，此处不再赘述。

2. 行业层面特征

（1）赫芬达尔－赫希曼指数（*hhi*）。

$$hhi_{jt} \sum_{i \in I_j}(sale_{it}/sale_{jt})^2 = \sum_{i \in I_j} S_{jt}^2 \qquad (5-5)$$

其中，$sale_{it}$ 表示 i 企业 t 年的销售额，$sale_{jt}$ 则为 t 年 j 行业的销售总额，该变量可以反映行业竞争激烈程度（姜付秀等，2009；易靖韬和蒙双，2018）。大量研究表明，竞争越激烈的行业，企业生存风险越大。该指数越大，反映行业内企业越集中，那么意味着在位企业面临的竞争就小，其生存风险就低；反之，数值越小，产业内相同规模的企业就越多，产业内的竞争也就越激烈。

（2）行业利润率（*cicpratio*）。虽然盈利性的企业其生存状况好于亏损企业，但如果行业存在超额利润、利润率高，则会吸引大量潜在进入者，从而对在位企业构成威胁，提高了其生存风险。

3. 地区层面特征

（1）区域经济发展程度（*lngdp*）。使用实际 GDP 的对数值来衡量，其中实际 GDP 由名义 GDP 进行价格平减而得（此处使用 1998 年为基期的 GDP 平减指数）。

（2）地区对外依存度（*dzycd*）。参考盛斌和毛其淋（2015），采用主成分分析法，对地区外贸依存度和外资依存度①进行加权。区域开放为富有竞争力的企业带来更广阔的国际市场，有利于销售额扩大和市场占有率提高，有助于生存、发展。但是，开放意味着企业将面临更多来自国外市场的竞争，这会给竞争力不强的中小企业造成不利影响，致使其破产并被淘汰出局。

此外，本章进一步控制行业、区域及年份固定效应（Du et al.，2012）：（1）行业虚拟变量（*IND*），采用二位行业编码来控制行业固定效应；（2）区域虚拟变量（*DIST*），使用二位省市代码来控制区域固定效应；（3）年份虚拟变量（*YEAR*），采用年份控制时间的变化以及其他宏观因素

---

① 外贸依存度用进出口贸易总额占 GDP 的比重表示，外资依存度用外商直接投资额占 GDP 的比重表示，进出口额和外商直接投资额均用当年的人民币兑美元汇率的中间价折合成人民币。

的影响。

三、数据来源

为了研究全球化对企业生存的影响，本书使用了三个分类的大型面板数据集：KOF 全球化指数、企业级生产数据和产品级贸易数据。

（一）KOF 全球化指数

该指标由德勒埃提出，并在 2008 年进行了更新，是从经济、社会和政治维度衡量世界上每个国家全球化程度的综合指标。

KOF 经济全球化指数主要从以下两个维度对世界经济全球化水平进行测度：（1）真实的经济流动，包括国际间商品贸易、FDI 和有价证券投资（占 GDP 的百分比），以及向外国居民支付的收入和雇用的资本（占 GDP 的百分比）；（2）真实经济流动的制约，包括平均关税、进口壁垒、国际贸易税（占当期收入的比重）和资本管制程度（Dreher，2006；Gygli et al.，2019）。由于 KOF 全球化权重并不是主观臆断，而是使用主成分分析法来进行合成，并且具有时间跨度长、按年份信息更新、免费使用等优势，已经成为文献中使用最广泛的全球化指数（Lee et al.，2015；Change et al.，2015；Potrafke，2015；Kandil et al.，2017；黄智淋，2017；周先平等，2020）。

因此，KOF 经济全球化指数可以作为全球化程度的度量指标。[①] 本书目的在于衡量全球化对企业生存的影响，所以使用企业层面全球化指数（$kofgi_{firm}$）来进行考量，具体构造见前文。

（二）中国工业企业数据库

工业企业数据库（ASIP）包含 1998～2016 年内地销售总额在 500 万元以上[②]的国有企业、有限责任公司、股份有限公司、私营企业、港澳台

---

① 关于使用 KOF 经济全球化指数来度量全球化的优势，详见周先平等（2020）的阐述。
② 自 2011 年起销售总额提升至 2000 万元以上。

商投资企业、外商投资企业等类型的企业，囊括"采掘业""制造业"以及"电力燃气及水的生产与供应业"三个工业门类。该数据库包含了主要的工业企业，总产出更是占据了制造业 90% 以上的比重（Brandt et al.，2012）。同时，数据库反映了企业基本情况、生产销售情况、财务情况等60 多个指标，是当前国内学者进行微观企业研究常用数据库之一。

研究这些工业企业的生存状况及其影响因素，对于把握我国工业企业的生存环境具有十分重要的意义。鉴于制造业在中国的经济发展中起着重要作用，本书的研究就显得尤为重要。必须指出，ASIP 数据本身也存在局限，比如统计范围仅限于国有企业以及规模以上的非国有企业，从而导致规模以下的大量民营企业并未进入该数据库，而这些中小企业存在大量进入和大量退出的情况，这也是使用该数据库的局限之一。

参考现有研究，我们接下来需要对工业企业数据进行整理。具体的整理包括：不同年份企业数据的关联、缺失值填补、异常值的处理等。

1. 不同年份企业数据的关联

工业企业数据为年度数据，生存研究需要追踪同一企业的生存轨迹。为此，我们必须建立包含年份和企业代码的二维面板数据，进而根据生存研究需要转换为久期数据。但是由于企业法人、名称或地址变更等原因，同一企业在不同年份可能使用不同的企业代码，同时由于统计不规范等原因还存在大量企业代码不规范或者缺失问题。如果我们仅仅简单使用企业代码来进行年度匹配，势必造成大量可用样本的遗漏。

本书沿袭勃兰特等（Brandt et al.，2012）、聂辉华等（2013）、杨汝岱（2015）等研究的匹配方法，以企业代码、企业名称、法人名称、地区代码、行业代码、电话号码、成立年份及其组合为关键词进行逐年匹配。实际匹配过程中，具体采用 5 种方式进行匹配：（1）企业代码；（2）企业名称；（3）企业法人姓名＋所属地区代码；（4）电话（tel）＋地区代码（district）＋行业代码（cic）；（5）成立年份（foundingyear）＋地区代码（district）＋行业代码（cic）＋乡镇（xiang）＋产品 1（product1）。

2. 异常值的处理

由于统计不规范等多种原因，ASIP 汇报的工业企业指标值也存在很多缺陷，参考勃兰特以及聂辉华等（2012）的研究做法，对数据进行下述规整。

（1）删除不符合会计标准的各项指标，例如：固定资产大于总资产，固定资产大于原值，流动资产大于总资产，投入大于工业总产值。

（2）参照当前普遍做法，删除了员工数小于8人的样本企业，最大限度地避免样本选择偏误。其原因在于上述企业由于人员过少，大多没有构建完备的会计系统。

（3）由于极端值的存在，可能会对估计结果产生影响。为了降低上述干扰，本书采用缩尾法对涉及的指标数值在1%的水平上进行缩尾处理。

3. 价格平减

为了克服价格变化所带来的影响，本书对变量进行了价格平减。其中，资产类指标使用固定资产投资价格指数进行平减；收入支出类指标使用企业所在地区的工业品出厂价格指数进行平减；其余变量均使用所在地区的 GDP 价格平减指数进行平减。①

（三）海关数据库

海关数据库则由中国海关总署统计而得，详细记录了产品级别的细分贸易数据。该数据时间范围为 2000~2016 年，包含了通关企业每个月份所有进出口交易信息，具体提供了企业基本信息，如名称、海关代码、企业地址等；以及企业进出口交易信息，包括进出口交易产品 8 位的 HS - Code、交易数量、交易额、出口目的地（或进口来源地）、贸易方式、运输方式等。尤其重要的是，海关数据库明确记录了每一条交易的贸易方式，具体是加工贸易、一般贸易或者其他贸易。由此可知，海关数据库可以提供诸多企业进出口贸易的信息，为开展各类研究打下基础。

（四）工业企业数据库与海关数据库的合并

如前所述，工业企业数据是度量企业生存和个体特征的关键工具，而

---

① 三种价格平减指数均在"中经网统计数据库"下载而得。

汇报产品层面的海关数据则是识别企业是否从事对外贸易（进口、出口）。因此，我们需要对上述两个数据库进行合并。

但是，由于采用两套不同编码体系，工业企业数据库采用9位企业编码，而海关数据库则是10位编码，我们难以直接采用企业代码进行简单合并，致使合并上述2个数据库企业数据颇为棘手。

为解决这一匹配难题，参照余淼杰和田巍（Yu & Tian，2012）、田巍和余淼杰（2013）、戴觅等（2014）的做法，在工业企业数据库和海关数据库进行合并时采用如下方法：（1）直接使用企业名称（name）对两个数据库进行合并；（2）使用企业所在地的邮政编码以及企业电话号码的后七位组成新代码（zip + tel）来进行合并；（3）使用企业电话号码以及企业法人姓名组成新代码（tel + legalp）来进行合并。

（五）可用于生存分析数据的处理

由于研究企业生存问题，企业生存时间的数据结构可归类为久期数据（duration data），存在数据删失（censoring）[①] 问题，并且可能造成有偏估计。

针对数据库中部分企业设立年份不规范，参照罗长远和司春晓（2020）进行如下处理：如果成立年份是两位数字，就在前面补充"19"；成立年份为一位数字，则在前面补充"200"；如果成立年份为三位数字，就在前面补充"1"；[②] 最后，如果同一企业不同年份汇报的成立年份不一致，则以组内最小的众数进行统一。

在进行生存分析模型分析之前，还需要对数据库中的数据删失进行进一步处理。由于研究区间为2000～2013年，意味着成立于2000年之前的企业，无法观测到其在研究区间之前的生存状况，数据存在左删失情形，并不适合生存分析模型。故删除成立年份不在研究区间的企业数据，仅仅

---

① 数据删失通常包括左删失和右删失。具体到企业生存问题，左删失为研究开始时，企业已经存在（建立时间早于研究开始时间）；右删失则是研究结束后，企业仍然存活（失败时间晚于研究结束时间）。

② 样本区间为2000～2013年，设立年份为大于13的两位数则加"19"，否则加"20"。

保留成立时间在 2000 ~ 2013 年企业的数据，以克服左删失问题（逯宇铎等，2013；赵奇伟和张楠，2015；吴先明等，2017）。

关于企业生存时间，参照于娇（2013）、肖兴志（2014）等的研究，将企业生存时间定义为企业 i 成立（foundingyear）至退出（failure/exit）间的时间跨度。如果企业 i 在 t 期出现，而在 $t+1$ 期没有出现，可以认为其在 $t+1$ 期退出市场，其生存时间 survivaltime $= t -$ foundingyear $+ 1$。另外，对于 2013 年存在的企业数据，统一归类为右删失。

对于下述情况需要特别说明，由于工业企业数据库的统计对象是所有国有企业及规模以上非国有企业。那么，某一企业代码在数据库中出现（消失）的原因，并不一定属于新成立（倒闭）的情形，极有可能是非国有企业由规模以下（规模以上）转变为规模以上（规模以下）的情形。这就使得一些原本一直存活的企业被误判为新进入企业或倒闭企业。2011年，中国工业企业数据库重新定义"规模以上"：销售额门槛由之前的 500 万元提升至 2000 万元，那么部分销售额在 500 万 ~ 2000 万元区间的非国有企业可能因此而从中国工业企业数据库中消失。上述情形，符合生存分析中对区间删失的定义。

对于区间删失这种情况，不同学者的处理方法并不相同。鲍宗客（2016）、吴先明等（2017）、卞元超和白俊红（2021）对于这些断层企业，直接进行剔除。在企业生存数据中，获得观测起始时点、观测期末时点、事件发生时点及观测样本状态很重要。对于区间删失数据，本书已经获得了这些样本数据的三个关键时点及生存状态，从而可以将这些样本保留下来。

（六）描述性统计特征

主要变量的描述性统计见表 5 – 1。

表 5 – 1　　　　　　　　主要变量的描述性统计（全球化）

变量	观测值	均值	标准差	最小值	最大值
$kofgi_{firm}$	2002221	14. 85899	29. 87684	0	90. 31767
$crisis_{2008}$	2002221	0. 6485543	0. 477422	0	1
$size$	2002221	9. 65215	1. 357	6. 911962	13. 56745

续表

变量	观测值	均值	标准差	最小值	最大值
age	2002221	5.604711	2.920014	1	14
lp	2002221	4.685294	2.18835	0.0017216	8.188777
klratio	2002220	3.087065	1.791363	0.0005536	6.79084
profit	1999268	0.0402475	0.0863942	−0.2949784	0.3730437
state	2002221	0.008099	0.0896293	0	1
foreign	2002221	0.1845506	0.3879326	0	1
hhi	2002221	0.0115246	0.0397891	0.0002311	0.4585679
cicpratio	2002221	6.363068	2.277678	−4.43157	48.08461
lnpgdp	2002221	4.155876	0.3072997	2.42	4.65
dzycd	2002221	0.7337293	0.5697958	0.0369624	2.575581

资料来源：笔者根据工业企业数据库、海关数据库、统计年鉴自行整理而得。

（七）企业生存的统计分析

在使用 Cox PH 模型进行生存估计之前，基于 Kaplan - Meier 乘积限估计式，本书分别对企业生存函数做了总体估计、分时估计和分层估计。

1. 总体估计

图 5 - 1 为更直观的 Kaplan - Meier（KM）生存函数的生存曲线图及危险率曲线图，可以看出生存曲线呈下降趋势，随着时间的增长，逐渐趋于稳定。这表明，企业在成立初始阶段面临着较高的风险率，在成立的第 7 年左右达到顶点；之后风险率有所下降，即生存状况有所改善。

2. 分时估计

为考察金融危机对企业生存的影响，将总体样本分解为 2000～2007 年和 2008～2013 年两个子样本。由图 5 - 2 可知，金融危机爆发后（2008～2013 年）企业生存状况明显恶化，生存风险要大于金融危机爆发之前。

3. 分层估计

（1）是否从事进出口。由于需要探究全球化对企业生存的影响，因此

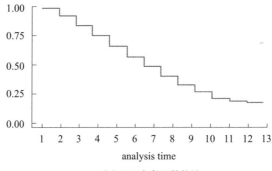

（a）KM生存函数估计

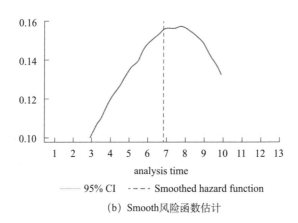

——— 95% CI   - - - - Smoothed hazard function

（b）Smooth风险函数估计

图5-1 全样本企业生存函数估计与风险函数估计

资料来源：笔者整理绘制。

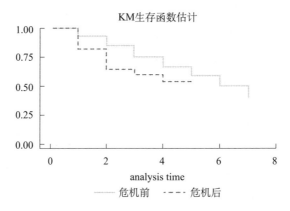

图5-2 分时段企业生存函数估计与风险函数估计

资料来源：笔者整理绘制。

对于企业是否进入国际市场尤为关注。由图 5-3 可知，从事进出口业务[①]的企业生存状况好于内销企业。进一步考察，进出口企业[②]、进口企业、出口企业以及内销企业的生存依次递减。这与瓦格纳（Wagner，2011）的结论保持一致。

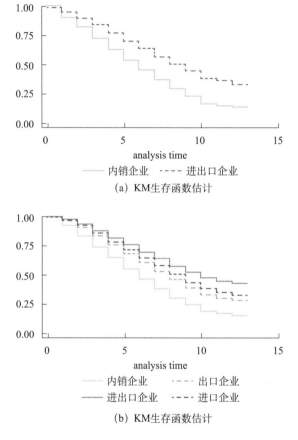

图 5-3 是否进出口企业生存函数估计与风险函数估计

资料来源：笔者整理绘制。

（2）企业所有权。根据所有权将企业分为国有和非国有企业、外资和非外资企业。由图5-4（a）可知，国有企业的生存状态并不如非国有企业，这与吴小康和于津平（2014）、逯宇铎等（2014）、许家云和毛其淋（2016）等的研究结论一致。

由图5-4（b）可知，外资企业的市场存活时间相对更长，这与马塔和波利亚图斯、科伦坡和德尔马斯特罗（Colombo & Delmastro，2000）、鲍德温和杨（Baldwin & Yan，2011）等的研究结论一致。

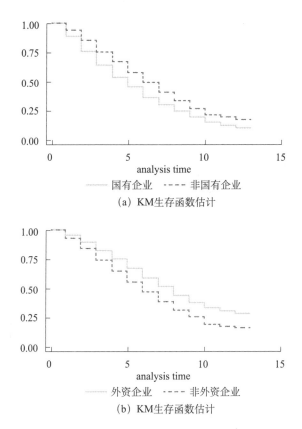

（a）KM生存函数估计

（b）KM生存函数估计

图5-4 不同所有制企业生存函数估计与风险函数估计

资料来源：笔者整理绘制。

（3）分地区（沿海、内地）：由图5-5可知，身处东部以及沿海发达地区的企业，其生存状况要好于其他地区。不同地区企业生存状况差异，可能与区域经济发展程度有关。

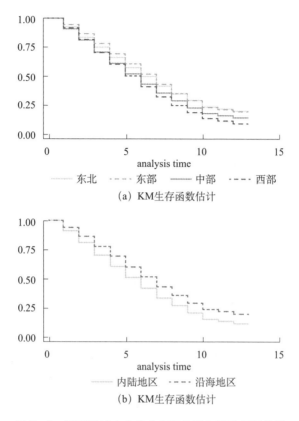

(a) KM生存函数估计

(b) KM生存函数估计

图 5 - 5　不同区域企业生存函数估计与风险函数估计

资料来源：笔者整理绘制。

第三节　回归结果及分析

　　当然，上述生存曲线图及危险率曲线图只是较为初步地描述全球化背景下企业生存状况。企业生存与全球化的关系进一步会受到企业年龄、规模、生产率等企业层面异质性特征的影响，地区层面异质性、行业层面异质性以及其他非观测因素也会带来影响。为了更准确地研究全球化对企业生存的影响，本节进一步采用 Cox PH 生存模型进行更为严谨的回归分析。

一、基准回归

为了最大限度地利用工业企业数据库和海关数据库，同时考虑到久期数据（duration data）的特殊性，本书选取 2000～2013 年新成立企业数据来解决左删失问题。另外，由于无法观测到样本期之外企业生存情况，即最后一年仍然出现在数据库中的企业之后是否退出，将导致右删失（right censoring）问题。本书选取生存风险模型来解决此问题，在失败事件取值中，将右删失样本的数据赋值为 0（failure =0）。

表 5 - 2 报告了全球化对企业生存风险影响的估计结果。此处汇报各解释变量 x 的系数 β，则风险比率（hazard ratio，hr）为 e^{β}。如果 $\beta < 0$ 即 $hr < 1$，则表明 x 能有效降低企业生存风险；若 $\beta = 0$ 即 $hr = 1$，则表明 x 对生存风险的影响无差异；若 $\beta > 0$ 即 $hr > 1$，则意味着 x 会加剧企业生存风险。

回归（1）仅汇报了核心解释变量全球化的指标，回归（2）加入金融危机变量，回归（3）加入企业特征变量，回归（4）进一步加入行业特征变量，回归（5）在回归（4）基础上又加入地区特征变量。回归（1）～（5）都控制了地区效应、行业效应和年份效应。

表 5 -2　　　　　　　全球化影响企业生存的回归结果

变量	(1) survival	(2) survival	(3) survival	(4) survival	(5) survival
kofgi	-0.00637 *** (-90.25)	-0.00637 *** (-90.25)	-0.00762 *** (-51.33)	-0.00287 *** (-0.44)	-0.00817 ** (-1.26)
$crisis_{2008}$		22.94 *** (770.20)	22.95 *** (769.97)	19.83 *** (633.32)	21.55 *** (265.72)
$kofgi \times crisis_{2008}$			0.00160 *** (-9.63)	0.000859 *** (-5.15)	0.00145 *** (-8.63)
age				-0.305 *** (-311.25)	-0.305 *** (-311.56)
size				-0.404 *** (-32.70)	-0.394 *** (-31.88)

续表

变量	(1) survival	(2) survival	(3) survival	(4) survival	(5) survival
$size^2$				0.00971 *** (-7.11)	0.00860 *** (-6.29)
lp				0.0824 *** (-32.72)	0.0861 *** (-34.14)
$klratio$				0.0507 *** (-28.59)	0.0508 *** (-28.67)
$profit$				-0.820 *** (-33.79)	-0.818 *** (-33.73)
$trade$				-0.365 *** (-7.81)	-0.357 *** (-7.64)
$state$				0.334 *** (-19.81)	0.331 *** (-19.64)
$foreign$				0.0405 *** (-7.81)	0.0421 *** (-7.64)
hhi					-0.307 *** (-4.98)
$cicpratio$					0.0228 *** (-10.8)
$wmycd$					0.879 *** (-39.85)
$lnpgdp$					-1.911 *** (-12.44)
行业固定效应	YES	YES	YES	YES	YES
地区固定效应	YES	YES	YES	YES	YES
年份固定效应	YES	YES	YES	YES	YES
N	1922663	1922663	1922663	1920151	1920151

注：各变量回归系数下方括号内数值为 z 值；*、**、***代表在 10%、5%、1% 的水平下显著。

全球化指数在所有回归中，都是显著为负，即全球化能够改善企业生存（验证了假设 H1a）。全球化带来的产品、要素等自由流动以及技术溢出，能够有效改善企业生存状况。

金融危机（$crisis_{2008}$）在所有回归中，都是显著为正，这说明金融危机显著提高了企业生存风险。与此同时，交互项（$kofgi \times crisis$）也显著为正，即金融危机减弱了全球化对企业生存的正面影响。

在企业特征中，企业年龄（age）显著为负，意味着年长的企业由于在行业中存在时间更长，能够逐步适应环境，自身管理制度和流程也更加健全和完善，企业社会关系得到巩固。因此，比新进入的企业更具优势，有更高的存活率（Dunne & Hughes，1994；Mata & Portugal，1994）。

企业规模（$size$）一次项显著为负，这说明规模大的企业能够获得一系列的优势，例如，可有效利用规模经济、范围经济等优势，享受到技术革新、补偿、技术外溢等好处（Porter，1990；Mata & Portugal，1995；张维迎等，2003），这都有利于企业抗风险能力的增强；而企业规模二次项（$size^2$）显著为正，意味着企业规模不是越大越好，大企业通常拥有更多的管理层级、更大的沟通成本，也不利于企业生存。

企业生产率（lp）显著为负，表明企业的生产率越高，意味着企业在行业的竞争力越高，从而会降低企业失败的风险，延长企业寿命（张维迎等，2003；Esteve-Pérez et al.，2004；曹裕等，2012）。

资本密集度（$klratio$）显著为正，资本密集度则衡量了一个企业的资本密集情况，资本密集度大意味着企业可以支配大量的资本，因而企业将更多地关注设备的更新与开发，对生存状况产生影响。可能的逻辑在于，当前中国劳动力要素仍然相对丰裕（钟昌标，2007；刘志彪和张杰，2009）。与劳动力相比，资金使用成本往往比较高，这使得资本密集程度较高的企业往往并不具备成本优势，从而提高其生存危机。

企业利润（$profit$）显著为负，说明盈利性强的企业往往会有更好的生存前景，更加倾向于扩大生产规模，而负债率高的企业则面临较大的生存风险。

企业外贸参与（*trade*）显著为负，这表明企业积极参与对外贸易（进出口），首先，能够有效扩大市场规模，有利于发挥自身潜能而提高生存能力（Namini et al.，2011）；其次，可从国际市场学习到先进的技术和管理经验，从而提高生产效率（De Loecker，2007；Lileeva & Trefler，2010；戴觅和余淼杰，2012）；最后，还可以一定程度缓解企业面临的融资约束（Campa & Shaver，2002；Desai et al.，2004；Garcia-Vega & Guariglia，2007）。上述这些都有利于企业降低生存风险。

国有企业（*state*）系数显著为正，与非国有企业相比，国有企业面临更高的生存风险，这与吴小康和于津平（2014）、许家云和毛其淋（2016）等研究结论保持一致。一方面，国有企业在经济活动之外大多承载相应程度的社会责任，"企业办社会"导致其包袱过重、经营效率低；另一方面，政府推进国有企业改革，使企业逐步从一般性竞争领域退出。

与内资企业相比，外资企业（*foreign*）并不比内资企业生存概率更高（张维迎等，2013），反而更容易退出市场（Görg & Strobl，2003；Van Beveren，2007；Wagner & Gelübcke，2012；Ferragina，2014）。究其原因，可能在于外资企业往往是跨国公司国际价值链的环节，生产可以很容易地在不同地点之间转移，因而更有可能离开一个经济体。尤其是它们与东道国经济的联系较少时，不存在"羁绊"，更加自由[1]。

行业集中度（*hhi*）显著为负，表明行业集中度越高，行业内垄断程度就越高，在位企业所面临的竞争压力就越小，从而生存概率较高。而行业利润率（*cicpratio*）显著为正，说明利润率高的行业，会引致大量企业进入该行业，加剧了在位企业的生存风险，呈现大进大出局面。

区域经济发展水平（*lngdp*）显著为负，伴随地区经济发展水平增高，市场需求会增长，企业身处的经济环境会日益优化，其生存风险也有所降低。

地区外贸依存度（*dzycd*）显著为正，表明地区对外贸易依存度越大，与国际市场联系密切，企业受全球化冲击的影响越大。

---

[1] 关于跨国公司更加自由的解释，详见戈达尔等（Godart et al.，2012）的阐述。

二、稳健性检验

为了检验基准回归结果是否稳健，接下来进行稳健性检验。如果改变参数设定以后，结果发现符号和显著性未发生改变，则说明回归是稳健（robust）。本书实证研究的稳健性检验从以下方面入手：（1）变换全球化的衡量指标；（2）考虑全球化的时滞问题；（3）重新设定金融危机年份；（4）变换生存分析模型；（5）调整规模以上工业企业；（6）分样本进行回归；（7）删除 2010 年数据。

（一）变换全球化衡量指标

在基准回归中，我们采用企业层面的全球化指数（$kofgi_{firm}$）来衡量全球化。由于构造方法的问题①，对于一个完全内销的企业，其 $kofgi_{firm}$ 值为 0。

为了考察估计结果的稳健性，接下来采用下述方法重新度量全球化指数，以检验基本回归是否稳健：（1）进出口企业仍然使用 $kofgi_{firm}$ 指数，而内资企业则使用两位数行业 $kofgi_{cic}$ 指数来进行替代；（2）所有企业均使用 $kofgi_{cic}$ 指数来进行替代，其回归结果见表 5 – 3 第（1）列和第（2）列；（3）与此同时，我们还选取了经济自由度指数（efi）② 来测度全球化，具体企业层面的构造方法同 $kofgi_{firm}$ 指数，其回归结果见表 5 – 3 第（3）列。

根据表 5 – 3 的回归结果，第（1）~（3）列中全球化的回归系数都显著为负，说明全球化显著降低企业的生存风险；交互项 $kofgi \times crisis_{2008}$ 显著为正，说明金融危机削弱了全球化对企业生存的影响。这一结果与表 5 – 2 中第（5）列基准回归估计结果保持一致，因而回归结果是稳健的。

---

① 根据前文表述，由于 KOF 指数是国家层面的指标，本书在企业—出口目的国/进口来源国—产品层面，利用企业进出口额进行加权计算企业层面的 $kofgi_{firm}$ 指数。

② 经济自由度指数（index of economic freedom），是由《华尔街日报》和美国传统基金会发布的年度报告，涵盖全球 186 个国家和地区，是全球权威的经济自由度评价指标之一。

表 5 - 3 变换全球化衡量指标回归结果

变量	(1) $kofgi_{firm}$	(2) $kofgi_{cic}$	(3) efi
$kofgi$	- 0.00297 ** (- 2.73)	- 0.00382 *** (- 0.75)	- 0.00382 ** (- 0.75)
$crisis_{2008}$	22.18 *** (- 258.96)	22.57 ** (- 243.78)	21.39 *** (- 258.83)
$kofgi \times crisis_{2008}$	0.00217 *** (- 1.88)	0.00358 ** (- 5.22)	0.00160 *** (- 9.06)
控制变量	控制	控制	控制
固定效应	YES	YES	YES
N	1869039	1869039	1869039

注：各变量回归系数下方括号内数值为 z 值； * 、 ** 、 *** 代表在 10% 、 5% 、 1% 的水平下显著。

（二）全球化滞后一期和两期

考虑到全球化对企业成长的影响可能存在一定的时滞效应，对回归模型中全球化指数取滞后一期和滞后两期，观察其估计结果是否发生改变。

由于企业生存研究本身的特殊性，其他控制变量（尤其是企业个体特征）如果强行进行滞后一期的回归，则会损失过多的样本，在权衡利弊后，本部分只选取核心解释变量全球化指数的滞后一期和滞后二期数据，以进行稳健性分析。

在考察全球化与企业生存关系时，全球化的内生性问题需要关注。这主要是基于以下考虑：全球化与企业生存状况之间，存在逆向因果关系从而可能导致内生性。一方面，全球化会影响企业生存；另一方面，生存状况较差的企业可能会通过游说政府以及进行"院外活动"寻求贸易保护（Grossman & Helpman，1994），从而推动政府采取贸易保护措施，而这又进一步阻碍全球化进程。上述使用滞后一期和滞后二期的全球化指标来进行回归，可在一定程度上解决两者之间可能存在的内生性问题。因为，当期企业的"院外活动"可能影响当期或下一期的政府决策，但是其绝无可能影响上一期的政府决策。

表5-4   全球化滞后一期/二期和重新设定金融危机年份回归结果

变量	（1）滞后一期	（2）滞后两期	（3）$crisis_{2009}$	（4）滞后一期	（5）滞后两期
$kofgi$	-0.00145 *** （-2.21）	-0.00118 ** （-1.83）	-0.00121 *** （-1.87）	-0.00114 *** （-1.79）	-0.00102 ** （-1.61）
$crisis_{2008}$	21.46 *** （-264.74）	21.46 *** （-264.74）			
$kofgi \times crisis_{2008}$	0.00159 *** （-9.33）	0.00159 *** （-9.20）			
$crisis_{2009}$			21.48 *** （-264.70）	21.48 *** （-264.69）	21.48 *** （-264.69）
$kofgi \times crisis_{2009}$			0.00153 *** （10.07）	0.00153 *** （-9.96）	0.00153 *** （-9.84）
控制变量	控制	控制	控制	控制	控制
固定效应	YES	YES	YES	YES	YES
N	1920151	1920151	1920151	1920151	1920151

注：各变量回归系数下方括号内数值为 z 值；＊、＊＊、＊＊＊代表在 10%、5%、1% 的水平下显著。

由表5-4第（1）列和第（2）列可知，无论全球化滞后一期还是滞后二期，其对企业生存风险的影响效应均显著为负，并且随着滞后期的延长，影响程度不断减弱，表明全球化对企业生存的影响会随着时间的推移而减弱。

（三）重新设定金融危机年份

有学者指出，雷曼兄弟（Lehman Brothers）的倒闭通常被视为危机的开始，而爱尔兰银行纾困从 2008 年 12 月开始成为新闻头条。鉴于危机发生的确切时间模糊不清，而且只能获得年度观察数据，本部分使用了危机变量的两种定义：一种始于 2008 年（用于基准回归），即 2008 年之前取值为 0，2008 年及以后取值为 1；另一种始于 2009 年（用于稳健性检验），即 2009 年之前取值为 0，2009 年及以后取值为 1。

由表5-4第（3）～（5）列结果可知，对金融危机年份进行重新设定后，全球化对企业生存风险的影响效应仍然显著为负，而金融危机则削弱了全球化对企业生存风险的影响。这说明结果是稳健的。

（四）变换生存分析模型

在 Cox PH 模型之外，加速失效时间模型也经常用于生存分析。接下来使用四种常用的加速失效时间模型进行稳健性检验。根据 AIC 评判准则，此处选择拟合程度最好的广义 Gamma 模型和 loglogistic 模型进行结果展示，第（3）列和第（4）列分别为广义 Gamma 模型和 loglogistic 模型的回归结果。同时，还借鉴 Tsoukas（2011）、陈勇兵等（2012）、于娇等（2015）的做法，分别采用 Cloglog 离散时间模型、Logit 回归模型进行稳健性检验。

结果如表 5-5 所示，主要回归系数均表明全球化显著改善企业的生存状况。

表 5-5　　　　　　　　变换生存分析模型回归结果

变量	weibull	exponential	gompertz	loglogistic	lognormal	logit	probit	cloglog
$kofgi$	-0.00127* (-1.95)	-0.00117* (-1.79)	0.000728 (1.11)	0.000729*** (3.99)	0.000659** (3.19)	0.00138* (1.92)	0.000771** (2.19)	0.000892 (1.36)
$crisis_{2008}$	0.244*** (33.71)	0.111*** (15.13)	0.324*** (43.77)	-0.0755*** (-35.85)	-0.0907*** (-37.78)	0.380*** (47.05)	0.209*** (47.23)	0.337*** (46.37)
$kofgi \times crisis_{2008}$	0.00176*** (10.54)	0.00224*** (13.43)	0.000440** (2.63)	-0.000581*** (-12.93)	-0.000416*** (-8.62)	-0.00225*** (-12.77)	-0.00159*** (-17.40)	-0.00128*** (-7.83)
控制变量	控制	控制	控制	控制	控制	控制	控制	控制
固定效应	YES	YES	YES	YES	YES	YES	YES	YES
N	1869039	1869039	1869039	1869039	1869039	1944394	1944394	1944394

注：各变量回归系数下方括号内数值为 z 值；*、**、***代表在 10%、5%、1% 的水平下显著。

（五）调整规模以上工业企业

2011 年，中国工业企业数据库重新定义"规模以上"，将销售额门槛由之前的 500 万元提升至 2000 万元。那么，部分销售额在 500 万元以下的非国有企业可能因此而从数据库中消失，但其并非真正的退出市场。为了消除上述影响，参照梁贺（2020）的做法，采用以下两种方式对样本进行处理并重新估计：（1）仅使用 2000～2010 年的样本进行估计，将统计门槛统一为 500 万元以上；（2）保留 2000～2013 年销售额 2000 万元以上的样本，将统计门槛统一为 2000 万元以上。结果见表 5–6。

表 5–6　　　　　　　　　调整规模以上工业企业回归结果

变量	（1）2000～2010 年	（2）销售额 2000 万元以上
kofgi	− 0.00526 *** （− 0.72）	− 0.00387 *** （− 3.68）
crisis$_{2008}$	0.789 *** （− 7.97）	23.79 *** （− 221.40）
kofgi × *crisis*$_{2008}$	0.000988 *** （− 5.68）	0.00194 *** （− 7.61）
控制变量	控制	控制
固定效应	YES	YES
N	1453019	1080526

注：各变量回归系数下方括号内数值为 z 值；＊、＊＊、＊＊＊代表在 10%、5%、1% 的水平下显著。

（六）分样本回归

为了进一步考察金融危机对企业生存的影响，本部分将总体样本分解为 2000～2008 年和 2009～2013 年两个子样本，其结果见表 5–7。

表 5–7　　　　　　　　　　　分样本回归结果

变量	（1）2000～2008 年	（2）2009～2013 年
kofgi	− 0.00345 *** （− 2.92）	− 0.00112 ** （− 1.51）
控制变量	控制	控制
固定效应	YES	YES
N	917473	1002678

注：各变量回归系数下方括号内数值为 z 值；＊、＊＊、＊＊＊代表在 10%、5%、1% 的水平下显著。

由表 5 - 7 可知，分样本之后全球化对企业生存风险的影响效应都显著为负，并且子样本 2000~2008 年的系数绝对值大于子样本 2009~2013 年，说明金融危机发生之后，全球化对企业生存的改善效果减弱，也进一步证实金融危机削弱了全球化对企业生存的正向影响。

（七）删除 2010 年数据

由于 2010 年现有的数据缺失较多，尤其是关于企业财务信息的多项指标，参照卞元超和白俊红（2021）做法，进一步删除 2010 年数据后进行稳健性检验，其回归结果见表 5 - 8。在进行上述多种检验之后发现，本书的基本结论依然稳健。

表 5 - 8　　　　　　　　删除 2010 年数据后回归结果

变量	（1）$survival$	（2）$survival$	（3）$survival$	（4）$survival$	（5）$survival$
$kofgi$	- 0. 00687 *** （ - 74. 35）	- 0. 00687 *** （ - 74. 35）	- 0. 00741 *** （ - 49. 69）	- 0. 00223 ** （ - 2. 62）	- 0. 00308 *** （ - 3. 62）
$crisis_{2008}$		23. 08 *** （ - 767. 60）	23. 09 *** （ - 766. 98）	- 22. 17 *** （ - 726. 14）	23. 46 *** （ - 252. 31）
$kofgi \times crisis_{2008}$			0. 000866 *** （ - 4. 68）	0. 000987 ** （ - 0. 53）	0. 000756 *** （ - 4. 02）
企业控制变量	未控制	未控制	未控制	控制	控制
行业控制变量	未控制	未控制	未控制	未控制	控制
地区控制变量	未控制	未控制	未控制	未控制	控制
固定效应	YES	YES	YES	YES	YES
N	1631003	1631003	1631003	1628491	1628491

注：各变量回归系数下方括号内数值为 z 值；*、**、***代表在 10%、5%、1% 的水平下显著。

三、企业异质性

（一）企业年龄

不同年龄企业在生存能力方面存在显著的差异，在 1 年之内有 5%~

10% 的新进入企业离开市场（Agarwal & Gort，2002），即新成立企业生存能力相对较弱，对外部环境变化的敏感性较高，抵御风险的能力较差，受全球化的影响往往也较大。斯特罗特曼（Strotmann，2007）研究显示，创立 2 年内倒闭的企业占比为 20%，5 年内倒闭的占比为 40%，而在 10 年内倒闭的企业超过半数，意味着企业在其成立初的几年内死亡率最高，随后死亡率逐渐降低。奥德兹（Audretsch et al.，1999）认为，企业退出风险在成立 2 年大幅提升至顶点后逐渐降低，59.1% 的企业在成立 6 年后还保持生存。

虽然年龄大的企业，其生存能力比较强，但全球化依然对其产生影响。有鉴于此，进一步考察全球化对不同年龄企业的生存影响。参照卞元超和白俊红（2021）的做法，以 5 年为标准，认为成立不超过 5 年的企业为新成立企业，超过 5 年的企业视为非新成立企业，分组考察全球化对不同年龄段企业生存的影响。

表 5 - 9 表明，全球化对新老企业的生存状况均有改善作用；就影响程度而言，全球化对新成立企业要大于老企业（0.00370 > 0.00154）；进一步由 $kofgi \times crisis_{2008}$ 交互项可知，金融危机对全球化影响新成立企业生存的调节效果要大于老企业（0.00575 > 0.00230），即就金融危机对全球化影响企业生存的放大效果来看，新成立企业受影响程度更大。

表 5 - 9　　　　　全球化影响企业生存在不同年龄组回归结果

变量	（1）新成立企业	（2）老企业
$kofgi$	- 0.00370 *** （- 2.99）	- 0.00154 * （- 1.99）
$crisis_{2008}$	19.31 *** （- 158.22）	21.06 *** （- 279.85）
$kofgi \times crisis_{2008}$	0.00575 ** （- 2.12）	0.00230 *** （- 9.82）
控制变量	控制	控制
固定效应	YES	YES
N	734690	1185461

注：各变量回归系数下方括号内数值为 z 值；*、**、***代表在 10%、5%、1% 的水平下显著。

（二）企业规模

大企业拥有更多的资本和人力资源，可以享受规模经济优势，并且因为占有更高的市场份额从而有更强的议价能力，因此可以获取更多的利润，其生存时间也越长。哈特和奥尔顿（Hart & Oulton，1998）发现，在英国员工人数少的企业死亡率远高于员工人数多的企业，即死亡现象多发生于中小规模企业。

与此同时，大型企业往往受到地方政府更多的保护。为维持区域经济的快速增长、就业稳定，地方政府通常采用税收减免、政府采购甚至直接补贴等手段对大企业进行扶持，避免大企业经营不善而破产（曹献飞和于诚，2015）。这使得大型企业的生存状况受全球化的影响程度要小于中小企业。因此，本书进一步考察全球化对不同规模企业生存的影响。

参照许家云和毛其淋（2016）的做法，本部分将样本按企业规模由大到小排序进行三等分，所有企业分为大企业、中等企业和小企业。

由表 5-10 中估计结果可知，尽管全球化对不同规模企业生存风险的影响效应均显著为负，但是全球化对中、小企业生存风险的影响程度要高于大型企业（$0.00440 > 0.00423 > 0.00343$），可能的原因在于，大企业拥有资金规模优势，可有效抵御全球化风险。进一步由 $kofgi \times crisis_{2008}$ 交互项可知，金融危机对全球化影响中小企业生存的调节效果要大于大型企业（$0.00361 > 0.00357 > 0.00135$），即就金融危机对全球化影响企业生存的调节效果来看，中、小企业受影响程度更大，这也验证了地方政府对大型企业的保护可抵消一部分负面影响。

表 5-10　　全球化影响企业生存在不同规模组回归结果

变量	（1）小企业	（2）中等企业	（3）大企业
$kofgi$	-0.00423 * （-0.19）	-0.00440 *** （-3.97）	-0.00343 ** （-3.08）
$crisis_{2008}$	21.44 *** （-147.10）	21.46 *** （-144.17）	-22.68 *** （-138.15）
$kofgi \times crisis_{2008}$	0.00357 *** （-11.99）	0.00361 *** （-12.26）	0.00135 *** （-4.46）

续表

变量	(1) 小企业	(2) 中等企业	(3) 大企业
控制变量	控制	控制	控制
固定效应	YES	YES	YES
N	605337	625475	638227

注：各变量回归系数下方括号内数值为 z 值；＊、＊＊、＊＊＊代表在 10%、5%、1% 的水平下显著。

（三）企业所有权分类

1. 国有企业与非国有企业

相比非国有企业，国有企业生存风险相对较小。但是在面对全球化时，上述结论是否仍然成立？根据中国工业企业数据库中控股情况将样本企业分为国有企业和非国有企业，进一步进行了分组检验。由表 5 – 11 第（1）列和第（2）列估计结果可知，全球化对国有企业和非国有企业生存风险的影响效应均为负，但国有企业的系数并不显著。另外，由 $kofgi \times crisis_{2008}$ 系数可看出，非国有企业受金融危机的影响明显大于国有企业。可能原因在于，国有企业由于其自身特征，承担了较大的社会责任，中央及地方政府对其业已实施一定程度的保护，因此全球化对其影响反而不太显著。

2. 外资企业与非外资企业

基础回归结果显示，外资企业在我国的生存风险要大。由于外资企业是"外来户"，与本土经济"羁绊"不强，但全球化浪潮涌起，其是否会加速"撤资"？根据中国工业企业数据库中控股情况将样本企业分为外资企业和非外资企业，并对此进行了分组检验。表 5 – 11 第（3）列和第（4）列表明，全球化对外资企业和非外资企业生存风险的影响系数均显著为负，且对外资企业的影响程度更大（0.00246 > 0.00128）；与此同时，全球化与金融危机的交互系数也大于非外资企业（0.00170 > 0.00019），即金融危机对全球化影响企业生存的调节效应，在外资企业要明显大于非外资企业。可能原因在于，外资企业的逐利本性，决定其在危机发生后，会迅速调整经营战略，通过撤资或者转移生产从而离开东道国。

表 5 – 11　　　　　　全球化影响企业生存在不同所有制组回归结果

变量	（1）国有企业	（2）非国有企业	（3）外资企业	（4）非外资企业
kofgi	− 0. 00531 （ − 071）	− 0. 00139 *** （ − 2. 11）	− 0. 00246 *** （ − 2. 25）	− 0. 00128 * （ − 1. 54）
crisis$_{2008}$	21. 43 *** （ − 37. 76）	21. 47 *** （ − 260. 90）	21. 42 *** （ − 207. 63）	21. 40 *** （ − 246. 45）
kofgi × *crisis*$_{2008}$	0. 000872 （ − 0. 42）	0. 00155 *** （ − 9. 16）	0. 00170 *** （ − 6. 06）	0. 00019 （ − 0. 75）
控制变量	控制	控制	控制	控制
固定效应	YES	YES	YES	YES
N	15012	1905139	361172	1558979

注：各变量回归系数下方括号内数值为 z 值；＊、＊＊、＊＊＊代表在 10％、5％、1％ 的水平下显著。

（四）区域异质性

当前中国区域经济梯度发展格局使得东部沿海地区更加容易享受到全球化带来的红利，因此判断，不同区域企业的生存状况受全球化影响可能存在区域异质性。本书将样本分为东部、中部、西部和东北①地区四组进行分组回归。与此同时，我们还区分了沿海地区和内陆地区②，用于进一步考察全球化对于不同地区企业生存风险的影响。

表 5 – 12 结果显示，就东部、中部、西部地区而言，全球化对东部地区企业生存风险的影响效应最为显著，对中部、西部和东北地区的影响并

———————

① 中国国家统计局将中国的经济区域划分为东部、中部、西部和东北四大地区。东部地区包括北京、天津、河北、上海、江苏、浙江、福建、山东、广东和海南；中部地区包括山西、安徽、江西、河南、湖北和湖南；西部地区包括内蒙古、广西、重庆、四川、贵州、云南、西藏、陕西、甘肃、青海、宁夏和新疆；东北地区包括辽宁、吉林和黑龙江。

② 根据是否沿海，分为沿海地区和内陆地区，其中沿海地区包括北京、天津、河北、辽宁、上海、江苏、浙江、福建、山东、广东、广西、海南等 12 个省市；内陆地区包括山西、内蒙古、吉林、黑龙江、安徽、江西、河南、湖北、湖南、重庆、四川、贵州、云南、西藏、陕西、甘肃、青海、宁夏、新疆等 19 个省市。

不显著。同时，全球化对沿海地区企业生存风险的影响也很显著，内陆企业影响虽然为正但并不显著。由于东部和沿海地区存在大量进出口企业，其是加工贸易企业，与国际市场联系密切，这也意味着很容易受国际市场波动的影响。

表 5 – 12　　　　　　全球化影响企业生存在不同区域组回归结果

变量	（1）东部	（2）中部	（3）西部	（4）东北	（5）沿海	（6）内陆
$kofgi$	− 0.00108 *** （− 1.46）	− 0.000507 （− 0.22）	− 0.00213 （− 0.87）	− 0.00382 （− 1.24）	− 0.00136 ** （− 1.91）	− 0.000677 （− 0.42）
$crisis_{2008}$	19.25 *** （− 155.59）	25.90 *** （− 91.54）	21.58 *** （− 102.87）	− 29.06 *** （− 61.51）	19.48 *** （− 170.48）	22.86 *** （− 154.12）
$kofgi \times crisis_{2008}$	0.00176 *** （− 9.44）	0.000445 （− 0.63）	− 0.000227 （− 0.29）	0.00443 *** （− 5.95）	0.00186 *** （− 10.33）	0.000572 （− 1.14）
控制变量	控制	控制	控制	控制	控制	控制
固定效应	YES	YES	YES	YES	YES	YES
N	1297692	302943	175611	133164	1425999	494152

注：各变量回归系数下方括号内数值为 z 值；*、**、***代表在 10%、5%、1% 的水平下显著。

第四节　本章小结

本章使用中国工业企业数据库、海关数据、中国统计数据等数据，采用生存分析方法实证检验了全球化对企业生存的总效应，得出以下结论。

第一，全球化在整体上显著降低了企业的生存风险，全球化程度每提高 1%，企业的生存风险将下降 0.817%。为顺应全球化，各国高举贸易自由化大旗，通过下调关税、减少非关税壁垒等途径，鼓励对外贸易、国际经贸合作，企业生存环境得到改善。

第二，在使用 COX PH 模型进行基准回归之外，还通过变换模型、采用其他指标测度全球化、分样本回归等方法，均发现全球化对企业生存的回归系数显著为负，即全球化对企业生存的正向影响这一结论是稳健的。

　　第三，由于自身特征不同，不同企业面对全球化的反应各不相同，即全球化对企业生存的影响因企业而异。通过异质性分析，可知全球化对企业生存的影响效应存在显著差异：（1）从企业年龄来看，全球化对新成立企业生存的影响效应要大于老企业；（2）从企业规模来看，大企业受影响程度要小于中小企业；（3）从所有制来看，全球化对非国有企业和外资企业生存的影响要大于国有企业、非外资企业；（4）从不同区域来看，全球化对企业生存的影响效应主要存在于东部地区、沿海地区，中部、西部地区及东北地区、内陆地区的企业受影响程度并不显著。

第六章

全球化影响企业生存的机制检验

全球化通过何种渠道影响企业生存状况，需要进一步进行深入分析。根据第四章影响机理分析可知，全球化可以通过市场规模、技术扩散及融资约束渠道对企业生存产生影响。因此，本章通过构建传递效应模型，来检验全球化对企业生存的影响机制。

第一节 引 言

当今世界正经历大变革、大调整，经济转型和结构调整成为全球趋势（李克强，2012）。面对错综复杂的国际形势和艰巨繁重的国内改革发展稳定任务，以资源驱动发展的模式已经难以为继，必须依靠拉动内需、自主创新来推动经济发展。

金融危机爆发后，全球化遭遇逆流，加剧了世界局势的不稳定、不确定，中国对外贸易面临的矛盾与挑战日益增大。由此可见，相较于国内市场，过度依赖国际市场意味着要面对更大的不确定性和风险。"十四五"规划明确指出，"立足国内大循环，发挥比较优势，协同推进强大国内市场和贸易强国建设"[①]。中国拥有 14 亿人口，具有巨大的消费潜力，可以

[①] 《中共中央关于制定国民经济和社会发展第十四个五年规划和二〇三五年远景目标的建议》http：//www. gov. cn/zhengce/2020 – 11/03/content_ 5556991. htm。

通过建设统一大市场和扩大内需所产生的规模经济效应来提高出口技术复杂性，促进企业培育竞争优势、参与国际竞争，从而成为贸易强国，实现高质量发展。

本章在前文影响机制分析的基础上，通过构建传递效应模型，检验全球化通过何种机制影响企业生存。这也有助于理解为什么《中共中央关于全面深化改革若干重大问题的决定》提出"必须把经济发展转移到依靠内需和创新的轨道上来"。

第二节　模型选择、变量测度和数据来源

一、模型选择

前文理论分析指出，全球化通过市场规模、技术扩散及融资约束路径间接影响企业生存，本部分拟对上述影响机制进行实证检验。从已有研究来看，对于影响机制的检验主要借鉴温忠麟等（2004）的做法，运用中介效应予以识别。然而，王莉等（2022）、江艇（2022）等研究却发现，该方法可能存在遗漏变量、内生变量，以及解释变量与机制变量高度相关等问题。故本书借鉴陈诗一和陈登科（2018）的做法，通过构建传递效应模型来识别影响机制。传递效应模型的具体步骤为：第一步，检验解释变量对机制变量的影响；第二步，检验机制变量与被解释变量的关系。

（一）基准回归模型

第五章利用 Cox PH 生存分析法考察全球化对企业生存的总影响，并构建如下基准回归模型：

$$\ln\lambda\,(\,t\mid x\,) = \alpha_0 + \alpha_1 kofgi_{it} + \alpha_2 kofgi_{it-1} + \alpha_3 CV_{it} + YEAR + IND + DIST + \varepsilon_{it} \qquad (6-1)$$

其中，$\ln\lambda\,(\,t\mid x\,)$ 为企业生存，$kofgi_{it}$ 为全球化指数，CV_{it} 为控制变量，$YEAR$、IND、$DIST$ 表示年份、行业、地区固定效应，α_i 为待估参数，

ε_{it} 为随机扰动项。

（二）传递效应模型

借鉴陈诗一和陈登科（2018）的做法，构建传递效应模型识别其影响机制。具体参考李建明和罗能生（2020）的研究，计量模型设定如下：

$$market_{it} = a_0 + a_1 kofgi_{it} + a_2 CV_{it} + YEAR + IND + DIST + \varepsilon_{it}$$

$$(6-2)$$

$$\ln\lambda(t \mid x) = b_0 + b_1 market_{it} + b_2 CV_{it} + YEAR + IND + DIST + \varepsilon_{it}$$

$$(6-3)$$

$$tdiff_{it} = c_0 + c_1 kofgi_{it} + c_2 CV_{it} + YEAR + IND + DIST + \varepsilon_{it} \quad (6-4)$$

$$\ln\lambda(t \mid x) = d_0 + d_1 tdiff_{it} + d_2 CV_{it} + YEAR + IND + DIST + \varepsilon_{it}$$

$$(6-5)$$

$$fc_{it} = g_0 + g_1 kofgi_{it} + g_2 CV_{it} + YEAR + IND + DIST + \varepsilon_{it} \quad (6-6)$$

$$\ln\lambda(t \mid x) = h_0 + h_1 fc_{it} + h_2 CV_{it} + YEAR + IND + DIST + \varepsilon_{it}$$

$$(6-7)$$

其中，$market_{it}$、$tdiff_{it}$、fc_{it} 为机制变量，分别表示市场规模、技术扩散、融资约束，其余变量定义与式（6-1）一致。对于传递效应的识别，首先，依据式（6-2）、式（6-4）和式（6-6）识别全球化与机制变量（即市场规模、技术扩散、融资约束）的因果关系；其次，依据式（6-3）、式（6-5）和式（6-7）验证机制变量对被解释变量企业生存的影响效应。若系数 a_1、b_1、c_1、d_1、g_1、h_1 均显著，则说明全球化确实能够通过市场规模、技术扩散以及融资约束渠道影响企业生存。

二、变量测度

在进行机制检验之前，先对机制变量进行合理测度。

（一）市场规模

在进行机制检验之前，首选需要对市场规模效应进行合理测度。对于机制变量市场规模，借鉴李建军和李文俊（2019）、卞元超和白俊红（2020）等的做法，以企业出口数量调整来进行衡量。企业面临国内、国际两个市场。在全球化进程中，企业面临的国际需求会增加，那么扩张的市场规模也会一定程度的传递至企业出口数量调整。

（二）技术扩散

在利希滕贝格和波蒂尔（Lichtenberg & Potterie，1996）、楚明钦和丁平（2013）方法的基础上改进，构建企业层面中间品进口技术扩散指标（$sinput$），计算公式具体如下：

$$sinput_{it} = \sum_j \frac{IM_{ijt}}{GDP_{jt}} S_{jt}^d \qquad (6-8)$$

其中，$sinput_{it}$表示企业i在t年通过中间品进口获得的研发溢出存量，IM_{ijt}表示企业i在t年从j国进口的中间品总值，GDP_{jt}为j国在t年的国内生产总值，S_{jt}^d为j国第t年的国内研发存量，使用永续盘存法进行计算（Goldsmith，1951）：$S_{jt}^d = (1-\delta) S_{jt-1}^d + RD_{jt}$。其中，$\delta$为研发资本折旧率[1]，采用莫里斯等（Maurice et al.，2002）的做法，设定为5%，RD_{jt}为j国第t年当年的研发支出，同时为了稳健性还分别取值0、10%、15%进行验算。

涉及的各国（地区）GDP、RD 等数据来自联合国贸易数据库（UN-COMTRDE）和世界银行数据库[2]等处。

（三）融资约束

基准回归使用 SA 指数来衡量融资约束，借鉴哈德洛克和皮尔斯（Hadlock & Pierce，2010）的做法，采用下式计算 SA 指数：

$$SA = -0.737 \times size + 0.043 \times size^2 - 0.04 \times age \qquad (6-9)$$

其中，$size = \ln$（总资产），age 为年龄。SA 指数通常为负，其绝对值越大意味着融资约束程度越高。

---

[1]　不同学者根据自身研究，采用的折旧率不尽相同，取值主要有 0、5%、10%、15% 等。

[2]　数据来源：https：//databank. worldbank. org/source/world-development-indicators。

三、数据来源

为了研究全球化对企业生存的影响，本章使用了以下四类的大型面板数据集：企业级生产数据、产品级贸易数据、企业创新数据、中国统计数据（地区和行业层面）。相关数据库的具体处理过程，见第五章。

第三节　全球化、市场规模与企业生存

一、市场规模渠道基准检验

采用陈诗一和陈登科（2018）的传递效应模型，检验全球化（*kofgi*）是否通过市场规模（*market*）渠道影响企业生存（*survival*）。具体步骤如下：第一步，利用式（6-2）识别市场规模与全球化之间的因果关系；第二步，利用式（6-3）识别市场规模与企业生存之间的因果关系。

若全球化的系数 a_1 与市场规模的系数 b_1 均显著，则说明全球化确实能够通过市场规模渠道间接影响企业生存。

表 6-1 第（1）列为本书的基准回归模型，检验的是全球化与企业生存之间的关系。由第五章基本回归结果（表 5-2 第（5）列）可得，全球自由化指数对企业生存的估计系数结果为 -0.00817，且通过了 5% 的显著性检验，即全球化对企业生存产生正向影响；第（2）列是检验全球化和市场规模的因果关系（对应于式（6-2）），全球自由化对市场规模的影响系数为 0.143，且通过了 1% 的显著性检验，说明全球化显著扩大了市场规模；第（3）列检验的是市场规模与企业生存之间的因果关系（对应于式（6-3）），市场规模对企业生存的估计系数结果为 -0.0267，且通过了 1% 的显著性检验，说明市场规模回归系数显著为负，即市场规模对于企业生存至关重要，市场规模扩大有助于改善企业生存状况。综合上述结果，可以证实全球化通过市场规模渠道间接改善企业生存状况（假设 H2a、假设 H3 得证）。

表 6 - 1 　　　　　全球化影响企业生存的市场规模渠道检验回归结果

变量	（1）*survival*	（2）*market*	（3）*survival*
kofgi	- 0. 00817 ** (- 1. 26)	0. 143 *** (422. 33)	
market			- 0. 0267 *** (- 61. 26)
控制变量	控制	控制	控制
固定效应	YES	YES	YES
N	1869039	1999267	1920151

注：各变量回归系数下方括号内数值为 z 值；＊、＊＊、＊＊＊代表在 10%、5%、1% 的水平下显著。

二、稳健性检验

（一）市场规模的其他衡量方式

在基准回归中，我们使用企业出口额的对数形式来测度市场规模。该测度方法面临如下问题：工业企业数据库中存在大量出口额是 0 的企业，比如一个完全内销的企业。

首先，对企业出口额进行 $y = \ln[x + (1 + x^2)^{1/2}]$ 转换，解决数值 0 过多的问题（Liu & Qiu，2016）。

其次，直接使用企业销售额取对数来衡量市场规模。其理由如下：企业销售额由国内市场和国外市场组成。在全球化进程中，企业进入国际市场必然受到国际市场冲击。由于出口和内销间存在互补/替代关系，因而国内市场也会受到波及，从而在企业销售额的变动上体现。

其回归结果见表 6 - 2，第（1）列和第（2）列为替代方式一，第（3）列和第（4）为替代方式二。其中，第（1）列和第（3）列显示全球化对市场规模的估计系数都显著为正，说明全球化显著扩大了市场规模；第（2）列和第（4）列市场规模的系数显著为负，说明市场规模的扩大可显著降低企业生存风险。

表 6 – 2　　　　　　　　市场规模的其他衡量指标回归结果

变量	（1）*market*	（2）*survival*	（3）*market*	（4）*survival*
kofgi	0.151 *** (425.31)		0.0616 *** (20.62)	
market		− 0.0254 *** (− 61.11)		− 0.173 *** (− 102.36)
控制变量	控制	控制	控制	控制
固定效应	YES	YES	YES	YES
N	1999267	1920151	1999267	1920151

注：各变量回归系数下方括号内数值为 z 值；*、**、***代表在 10%、5%、1% 的水平下显著。

（二）变换全球化衡量指标

在基准回归中，本部分采用企业层面的 $kofgi_{firm}$ 来衡量全球化。由于构造方法的问题，对于一个完全内销的企业，其 $kofgi_{firm}$ 值为 0。

为了考察估计结果的稳健性，沿用前文思路，进行如下稳健性检验：（1）进出口企业仍然使用 $kofgi_{firm}$ 指数，而内资企业则使用两位数行业 $kofgi_{cic}$ 指数来进行替代；（2）所有企业均使用 $kofgi_{cic}$ 指数来进行替代，其回归结果见表 6 – 3 第（1）列和第（2）列；（3）我们还选取了 *efi*（经济自由度指数）来测度全球化，具体企业层面的构造方法同 $kofgi_{firm}$ 指数。

根据表 6 – 3 的回归结果，第（1）~（3）列中全球化的回归系数均显著为正，说明全球化有助于扩大市场规模。这一结果与前文基准回归估计结果保持一致，因而基准回归是稳健的。

表 6 – 3　　　　　　　　全球化其他衡量指标回归结果

变量	（1）$kofgi_{firm}$	（2）$kofgi_{cic}$	（3）*efi*
kofgi	0.0632 *** (18.83)	0.0484 ** (8.10)	0.151 ** (426.43)
控制变量	控制	控制	控制
固定效应	YES	YES	YES
N	1999267	1999267	1999267

注：各变量回归系数下方括号内数值为 z 值；*、**、***代表在 10%、5%、1% 的水平下显著。

（三）考虑全球化的时滞

考虑到全球化对市场规模的影响可能存在一定的时滞效应，对回归模型（6-2）中全球化指数取滞后一期和滞后两期，观察其估计结果是否发生改变。

由表6-4第（1）列和第（2）列可知，无论全球化滞后一期还是滞后二期，其对市场规模的影响效应均显著为正，并且随着滞后期的延长，影响程度不断减弱，表明全球化对市场规模的促进会随着时间的推移而减弱。

表6-4　　　　　　全球化不同时滞影响市场规模回归结果

变量	（1）滞后一期	（2）滞后两期
kofgi	0.144 *** (421.03)	0.132 ** (419.76)
控制变量	控制	控制
固定效应	YES	YES
N	1999267	1999267

注：各变量回归系数下方括号内数值为 z 值；* 、** 、*** 代表在 10% 、5% 、1% 的水平下显著。

三、市场规模渠道的异质性

由于企业异质性特征，市场规模对其生存的影响表现可能不同。通过进行异质性分析，可以检验市场规模的影响机制否存在显著差异。

（一）企业年龄

不同年龄段的企业在生存能力方面存在显著差异，表6-5的回归结果显示，市场规模可以改善企业生存状况，对新老企业均显著存在；但是，上述影响存在规模差异。由第（2）列和第（4）列回归系数大小可知，市场规模对于新成立企业的影响效果更加明显。可能原因在于，新成立企业刚刚进入市场，对于市场规模的依赖比较大，亟须达到 MES 进而降低生产成本，而老企业已经扎根市场多年，占据了稳定的市场份额。

表 6 – 5　　　　　　市场规模渠道效应在不同年龄组回归结果

变量	新成立企业		非新成立企业	
	（1）*market*	（2）*survival*	（3）*market*	（4）*survival*
kofgi	0. 138 *** (249. 29)		0. 140 *** (309. 41)	
market		– 0. 0295 *** （– 35. 11）		– 0. 0260 *** （– 50. 84）
控制变量	控制	控制	控制	控制
固定效应	YES	YES	YES	YES
N	813806	734690	1185461	1185461

注：各变量回归系数下方括号内数值为 z 值；*、**、***代表在 10%、5%、1% 的水平下显著。

（二）企业规模

企业规模也是构成企业异质性的一个重要方面。由表 6 – 6 中估计结果可知，对于不同规模企业，市场规模均显著改善了其生存状况，但上述影响存在差异。观察第（2）列、第（4）列、第（6）列回归系数可知，大企业的生存受市场规模影响要大于中小企业。可能的原因在于，中小企业因规模小、自身生产经营有限，从而对市场规模的依赖较小；大企业其生产经营规模大，经营成本随之增大，需要较大的市场份额来摊薄成本。

表 6 – 6　　　　　　市场规模渠道效应在不同规模组回归结果

变量	小企业		中等企业		大企业	
	（1）*market*	（2）*survival*	（3）*market*	（4）*survival*	（5）*market*	（6）*survival*
kofgi	0. 152 *** (279. 33)		0. 146 *** (280. 11)		0. 134 *** (226. 28)	
market		– 0. 0166 *** （– 21. 41）		– 0. 0250 *** （– 33. 67）		– 0. 0313 *** （– 41. 75）
控制变量	控制	控制	控制	控制	控制	控制

续表

变量	小企业		中等企业		大企业	
	（1）*market*	（2）*survival*	（3）*market*	（4）*survival*	（5）*market*	（6）*survival*
固定效应	YES	YES	YES	YES	YES	YES
N	666337	626578	666444	642389	666486	651184

注：各变量回归系数下方括号内数值为 z 值；＊、＊＊、＊＊＊代表在10%、5%、1%的水平下显著。

（三）企业所有权分类

1. 国有企业与非国有企业

由表6-7第（1）列和第（3）列估计结果可知，全球化均显著扩大市场规模；第（2）列和第（4）列则表明，市场规模对非国有企业生存的影响显著，对国有企业的影响并不显著。造成上述现象的原因在于，国有企业受到政府扶持，已经在国内占据了较大市场份额；而非国有企业难以获得政府扶持，相对而言更加依赖国内和国际市场。

2. 外资企业与非外资企业

由表6-7第（5）列和第（7）列估计结果可知，全球化均显著扩大市场规模；第（6）列和第（8）列则表明，市场规模对企业生存的影响均显著，并且对外资企业的影响大于非外资企业。可能的原因在于，我国大量的出口加工企业大多为外资企业或有外资参与，由于其两头在外，受国际市场影响较大。

表6-7　　　市场规模渠道效应在不同所有制企业组回归结果

变量	国有企业		非国有企业	
	（1）*market*	（2）*survival*	（3）*market*	（4）*survival*
kofgi	0.120 *** （20.94）		0.144 *** （422.63）	
market		-0.00834 （-1.41）		-0.0268 *** （-61.34）
控制变量	控制	控制	控制	控制

续表

变量	国有企业		非国有企业	
	（1）*market*	（2）*survival*	（3）*market*	（4）*survival*
固定效应	YES	YES	YES	YES
N	16077	15012	1983190	1905139

变量	外资企业		非外资企业	
	（5）*market*	（6）*survival*	（7）*market*	（8）*survival*
kofgi	0.135 *** (220.52)		0.148 *** (374.24)	
market		−0.0296 *** (−42.57)		−0.0244 *** (−43.34)
控制变量	控制	控制	控制	控制
固定效应	YES	YES	YES	YES
N	369083	361172	1630184	1558979

注：各变量回归系数下方括号内数值为 z 值；*、**、***代表在 10%、5%、1% 的水平下显著。

（四）企业创新能力

创新能力高低是企业的一个显著特征。大量研究表明，企业创新对企业生产、经营活动有重大影响。因此，要进一步考察不同创新程度的企业受全球化影响是否存在显著差异。

常见衡量企业创新的变量有：研发费用、发明和专利数目（Jaffe，1989；Pakes & Griliches，1980）及新产品产值、品类数（Audretsch，1988，1992，1994，1996）等。研发费用是衡量企业创新投入的重要指标，而专利数量、新产品产值、品种数则是衡量企业创新产出的重要指标。本节采用企业专利数量来测量企业创新程度（Jaffe，1989；Zhou et al.，2017；陈思等，2017；张峰等，2019），具体采用企业每年被授权的专利总数。采用最终被授权的申请数量而不是企业申请数量，能够客观、准确反映企业的创新产出和创新水平。

由表 6-8 第（2）列和第（4）列回归系数可知，越是创新能力强的企业，市场规模对企业生存的促进作用就越大，即企业创新强化了市场规模对企业市场存活的改善作用。创新能力强的企业，可以凭借新产品、新技术迅速抢占市场，达到 MES 要求的最低产量。在面对一个更大的市场时，企业有动力进行创新，从而提升市场份额。

表 6-8　　　　市场规模渠道效应在不同创新能力组回归结果

变量	授权专利数为 0		授权专利数不为 0	
	(1) *market*	(2) *survival*	(3) *market*	(4) *survival*
kofgi	0. 144 *** (380. 71)		0. 144 *** (239. 95)	
market		− 0. 0261 *** (− 52. 70)		− 0. 0284 *** (− 31. 03)
控制变量	控制	控制	控制	控制
固定效应	YES	YES	YES	YES
N	1441181	1384723	558086	535428

注：各变量回归系数下方括号内数值为 z 值；＊、＊＊、＊＊＊代表在 10%、5%、1% 的水平下显著。

四、市场规模与企业生存：市场一体化的调节效应

前文研究的一个主要发现是，全球化有利于企业生存，市场规模是重要渠道。中国部分地区制度环境较差以及地方保护盛行等因素（樊纲等，2011；方军雄，2009；李雪灵等，2012；李元旭和宋渊洋，2011；刘凤委等，2007），逐渐将中国内部市场进行了人为分割，压缩企业赖以生存的市场空间，由此导致本土企业无法利用国内统一的市场需求空间来实现经营活动（张杰等，2010）。基于上述事实，本部分进一步研究市场一体化、市场规模与企业生存之间的关系。

为了检验上述关系，参考盛斌和毛其淋（2011）、毛其淋和许家云（2016a）的做法，在模型（6-3）基础上引入市场一体化变量（*integ*）以及它与市场规模的交乘项（*market* × *integ*），进一步扩展为如下模型：

$$\ln\lambda(t \mid x) = \alpha_0 + \alpha_1 market_{it} + \alpha_2 market_{it} \times integ_{it} + \alpha_3 integ_{it} + \alpha_4 CV$$

$$+ YEAR + IND + DIST + \varepsilon_{it} \qquad\qquad (6-10)$$

其中，$integ$ 为市场一体化变量，度量方法参照陆铭和陈钊（2009）、毛其淋和盛斌（2011）、张学良等（2021）的做法，使用价格指数法来衡量各省市市场分割指数（$marketsegm_{it}$），并使用市场分割反向指标来度量国内市场一体化。利用 $integ = \sqrt{1/marketsegm}$ 构造各省市市场一体化指标，$integ$ 取值越高，表示该区域市场一体化程度越高、市场分割程度越小。

借鉴盛斌和毛其淋（2011）的做法，本书从产品市场分割（$integ_1$）和要素市场分割（$integ_2$）两个方面进行衡量。

从表 6-9 第（1）列可以看到，交叉项 $market \times integ$ 为负，并且通过 5% 水平的显著性检验，表明产品市场一体化程度高的地区，市场规模对企业生存的促进作用就越大，即产品市场一体化强化市场规模对企业市场存活的改善作用。产品市场一体化（$integ$）的估计系数也显著为负，表明在产品市场一体化程度高的地区，企业的平均持续经营时间就越长，这与预期相符。统一的国内市场能够提高国家整体的经济效率和全体国民的福利水平（行伟波和李善同，2009），本土市场一体化进程加快时，企业不仅可以获得本区域市场，也可以进一步开拓国内其他区域市场，从而互通产品、要素和技术市场，形成规模效应（张昊，2020b）。因此，如果企业所处地区市场一体化程度高，显然有利于企业的市场存活。

表 6-9　　　　　　　市场一体化对市场规模渠道的调节回归结果

变量	产品市场分割 $integ_1$	要素市场分割 $integ_2$
	（1）$survival$	（2）$survival$
$market$	-0.0254*** (-18.83)	-0.0297*** (-27.74)
$integ$	-0.0169*** (-41.15)	-0.00280*** (-16.65)
$market \times integ$	-0.00308** (-9.13)	-0.000356* (-3.13)
控制变量	控制	控制

变量	产品市场分割 $integ_1$	要素市场分割 $integ_2$
	（1）*survival*	（2）*survival*
固定效应	YES	YES
N	1920151	1920151

注：各变量回归系数下方括号内数值为 z 值；*、**、***代表在 10%、5%、1%的水平下显著。

从表6-9第（2）列可以看到，交叉项 *market × integ* 为负，并且通过 1%水平的显著性检验，表明要素市场一体化程度高的地区，市场规模对企业生存的促进作用就越大，即要素市场一体化强化市场规模对企业市场存活的改善作用。要素市场一体化（*integ*）的估计系数也显著为负，要素在产品市场一体化程度高的地区，企业生存显著改善。

综合以上分析，不论使用"产品市场分割"还是"要素市场分割"来度量市场一体化程度，结果均支持：地区市场一体化程度越高，市场规模对企业生存的平均促进作用就越大，即市场一体化可以增强市场规模对企业生存的促进作用（假设 H4 得证）。

第四节　全球化、技术扩散与企业生存

一、技术扩散渠道基准检验

具体检验过程同前文，用以检验全球化（*kofgi*）是否通过技术扩散（*tdiff*）渠道影响企业生存（*survival*）。第一步，利用式（6-4）识别全球化与技术扩散之间的因果关系；第二步，利用式（6-5）识别技术扩散与企业生存的因果关系。

若全球化的系数 c_1 与技术扩散的系数 d_1 均显著，则说明全球化确实能够通过技术扩散渠道间接影响企业生存。

表 6 – 10 第（1）列为基准回归模型，检验的是全球化与企业生存之间的关系，由第五章基本回归结果（表 5 – 2 第（5）列）可以得出，全球化对企业生存的回归系数为 – 0.00817，且通过了 5% 的显著性检验，即全球化改善了企业生存状况；第（2）列检验全球化和技术扩散之间的关系，回归系数为 0.0291，且通过 1% 的显著性检验，说明全球化显著促进了技术扩散；第（3）列检验的是技术扩散与企业生存之间的关系，回归系数为 – 0.0578，且通过了 1% 的显著性检验，说明技术扩散效应正向影响企业生存，即技术扩散可以提高企业技术水平，从而改善企业生存状况。综合上述结果，可以证实，全球化通过技术扩散渠道影响企业生存（假设 H5a、假设 H6 得证）。

表 6 – 10　　　全球化影响企业生存的技术扩散渠道检验回归结果

变量	（1）survival	（2）tdiff	（3）survival
kofgi	– 0.00817 ** （– 1.26）	0.0291 *** （134.74）	
tdiff			– 0.0578 *** （– 48.32）
控制变量	控制	控制	控制
固定效应	YES	YES	YES
N	1869039	1999267	1920151

注：各变量回归系数下方括号内数值为 z 值；*、**、***代表在 10%、5%、1% 的水平下显著。

二、稳健性检验

（一）技术扩散的其他衡量指标

在基准回归中，采用企业层面的 sinput（企业进口品技术扩散）来衡量技术扩散效应，具体计算过程折旧率取值为 5%。遵循科和赫尔普曼（Coe and Helpman，1995）的做法，δ 进一步取值 0、10%、15% 进行稳健性检验，回归结果见表 6 – 11。

表 6 - 11　　　　　　　　技术扩散其他衡量指标回归结果（1）

变量	（1）折旧率 $\delta=0$		（2）折旧率 $\delta=10\%$		（3）折旧率 $\delta=15\%$	
	tdiff	survival	tdiff	survival	tdiff	survival
kofgi	0.0292 *** (135.14)		0.0289 *** (134.32)		0.0288 *** (133.89)	
tdiff		- 0.0578 *** (- 48.37)		- 0.0579 *** (- 48.27)		- 0.0580 *** (- 48.22)
控制变量	控制	控制	控制	控制	控制	控制
固定效应	YES	YES	YES	YES	YES	YES
N	1999267	1920151	1999267	1920151	1999267	1920151

注：各变量回归系数下方括号内数值为 z 值；＊、＊＊、＊＊＊代表在 10%、5%、1% 的水平下显著。

由于构造方法的问题，对于一个完全没有进口的企业，其 sinput 值为 0。为了考察估计结果的稳健性，接下来采用两种方法重新构造 sinput（技术扩散效应），以检验基准回归是否稳健。（1）进口企业仍然使用 sinput 指数，而没有进口企业则使用其所在省（市）层面的地区技术扩散指数（dinput）来进行替代。（2）所有企业均使用 dinput 指数来进行替代。（3）进一步纳入外商直接投资（fdi），由于企业层面的 FDI 不易获取，使用地区层面的 FDI，技术扩散指数使用地区进口品技术溢出和地区层面 FDI 技术溢出的算术平均值来代替。其回归结果见表 6 - 12 第（1）~（3）列，主要的回归系数均符合预期。

表 6 - 12　　　　　　　　技术扩散其他衡量指标回归结果（2）

变量	（1）sinput&dinput		（2）dinput		（3）fdi	
	tdiff	survival	tdiff	survival	tdiff	survival
kofgi	0.0200 *** (- 117.55)		0.00178 ** (- 19.68)		0.000140 *** (- 12.78)	
tdiff		- 0.0137 *** (- 10.77)		- 0.0998 *** (- 8.83)		- 0.100 *** (- 9.02)
控制变量	控制	控制	控制	控制	控制	控制
固定效应	YES	YES	YES	YES	YES	YES

变量	(1) sinput&dinput		(2) dinput		(3) fdi	
	tdiff	survival	tdiff	survival	tdiff	survival
N	1999267	1920151	1999267	1920151	1999267	1920151

注：各变量回归系数下方括号内数值为 z 值；＊、＊＊、＊＊＊代表在 10%、5%、1% 的水平下显著。

（二）变换全球化衡量指标

为了检验估计结果的稳健性，与前文类似采用变换全球化衡量指标，以检验全球化影响技术扩散的基本回归是否稳健。

根据表 6-13 的回归结果，第（1）～（3）列中全球化对技术扩散的回归系数都显著为正，说明全球化显著促进技术扩散。这一结果与前文基准回归估计结果保持一致，因而回归结果是稳健的。

表 6-13　　　　　变换全球化衡量指标回归结果

变量	(1) $kofgi_{firm}$	(2) $kofgi_{cic}$	(3) efi
kofgi	0.0469 *** (47.50)	0.00211 * (0.92)	0.0305 *** (132.37)
控制变量	控制	控制	控制
固定效应	YES	YES	YES
N	1999267	1999267	1999267

注：各变量回归系数下方括号内数值为 z 值；＊、＊＊、＊＊＊代表在 10%、5%、1% 的水平下显著。

（三）全球化的时滞影响

考虑到全球化对技术扩散的影响可能存在时滞效应，对回归模型（6-4）中全球化指数取滞后一期和滞后两期，以观察其估计结果是否发生改变。

由表 6-14 第（1）列和第（2）列可知，无论全球化滞后一期还是滞后二期，其对技术扩散的影响效应均显著为正。但是，随着滞后期的延长，影响程度不断减弱，表明全球化对技术扩散的促进会随着时间的推移而逐渐减弱。

表 6-14 全球化时滞影响技术扩散回归结果

变量	（1）滞后一期	（2）滞后两期
kofgi	0.0294 *** （134.05）	0.0186 *** （113.70）
控制变量	控制	控制
固定效应	YES	YES
N	1999267	1999267

注：各变量回归系数下方括号内数值为 z 值；＊、＊＊、＊＊＊代表在 10%、5%、1%的水平下显著。

三、技术扩散渠道的异质性考察

由于存在异质性，技术扩散对企业生存的影响表现可能不同，因此，通过异质性分析，可以考察技术扩散的影响机制否存在显著差异。

（一）企业年龄

前文分析可知，技术扩散可以改善企业生存状况。表 6-15 显示，在新老企业均显著存在，但是上述影响存在差异。由回归系数大小可知，技术扩散对于新成立企业的影响效果更为显著。可能原因在于，新成立企业刚刚进入市场，通常来说其相较于老企业拥有一定优势，比如掌握新技术；而老企业已经在市场中存活多年，占据了稳定的市场份额，在一定程度上存在创新惰性。

表 6-15 技术扩散渠道效应在不同年龄组回归结果

变量	新成立企业		非新成立企业	
	（1）*tdiff*	（2）*survival*	（3）*tdiff*	（4）*survival*
kofgi	0.0292 *** （86.48）		0.0281 *** （101.17）	
tdiff		-0.0637 *** （-11.09）		-0.0562 * （-39.75）
控制变量	控制	控制	控制	控制

续表

变量	新成立企业		非新成立企业	
	（1）*tdiff*	（2）*survival*	（3）*tdiff*	（4）*survival*
固定效应	YES	YES	YES	YES
N	813806	734690	1185461	1185461

注：各变量回归系数下方括号内数值为 z 值；＊、＊＊、＊＊＊代表在 10%、5%、1% 的水平下显著。

（二）企业规模

对于不同规模企业，技术扩散均显著改善了其生存状况。由表 6－16 第（2）、第（4）、第（6）列回归系数可知，上述影响因企业规模而异。技术扩散对大企业的影响效果要好于中小企业，三者中中型企业效果最低。可能的原因在于，中小企业因规模小、自身生产能力有限，从而难以有效发挥技术扩散的作用；大型企业实力雄厚、自身资源丰富，拥有各种配套设施，因而可以最大限度地吸收以及利用技术扩散，并有效发挥其功效。

表 6－16　　　　　技术扩散渠道效应在不同规模组回归结果

变量	小企业		中等企业		大企业	
	（1）*tdiff*	（2）*survival*	（3）*tdiff*	（4）*survival*	（5）*tdiff*	（6）*survival*
kofgi	0.0292 *** (86.48)		0.0167 *** (58.64)		0.0451 *** (124.34)	
tdiff		−0.0637 *** (−28.14)		−0.0397 *** (−17.41)		−0.0651 *** (−38.27)
控制变量	控制	控制	控制	控制	控制	控制
固定效应	YES	YES	YES	YES	YES	YES
N	813806	734690	666444	642389	666486	651184

注：各变量回归系数下方括号内数值为 z 值；＊、＊＊、＊＊＊代表在 10%、5%、1% 的水平下显著。

（三）企业所有权分类

1. 国有企业与非国有企业

由表 6－17 中估计结果可知，全球化均显著促进技术扩散；进一步，技术扩散对非国有企业生存的影响程度要大于国有企业。上述现象产生的原因在于，非国有企业难以获得政府扶持，相对而言更加依赖市场和技术，需要凭借自身优势在市场中站稳脚跟。

表6-17   技术扩散渠道效应在国有、非国有企业组回归结果

变量	国有企业		非国有企业	
	(1) tdiff	(2) survival	(3) tdiff	(4) survival
kofgi	0.0431 *** (12.61)		0.0290 *** (134.21)	
tdiff		-0.0363 ** (-2.59)		-0.0580 *** (-48.30)
控制变量	控制	控制	控制	控制
固定效应	YES	YES	YES	YES
N	16077	15012	1983190	1905139

注：各变量回归系数下方括号内数值为z值；*、**、***代表在10%、5%、1%的水平下显著。

2. 外资企业与非外资企业

由表6-18回归系数可知，全球化显著促进技术扩散，并且技术扩散对企业生存的影响均显著，对外资企业的影响大于非外资企业。

表6-18   技术扩散渠道效应在外资、非外资企业组回归结果

变量	外资企业		非外资企业	
	(1) tdiff	(2) survival	(3) tdiff	(4) survival
kofgi	0.0474 *** (115.49)		0.0171 *** (81.84)	
tdiff		-0.0598 *** (-40.66)		-0.0406 *** (-17.26)
控制变量	控制	控制	控制	控制
固定效应	YES	YES	YES	YES
N	369083	361172	1630184	1558979

注：各变量回归系数下方括号内数值为z值；*、**、***代表在10%、5%、1%的水平下显著。

（四）市场一体化程度

由表6－19第（2）列和第（4）列回归系数可知，如果企业所处地区市场一体化程度高，技术扩散对企业生存的促进作用就越大，即市场一体化增强了技术扩散对企业生存的改善效应。原因在于，市场一体化水平越高，区域内的市场保护程度降低，区域间贸易壁垒不断减少。不仅仅产品、要素可以自由流动，技术的限制也越少，企业能够更顺利获取相关配套产品与服务，从而有利于增加企业技术吸收能力，更为有效地发挥技术扩散效应。

表6－19 技术扩散渠道效应在不同市场一体化地区回归结果

变量	市场一体化程度低的地区		市场一体化程度高的地区	
	（1）*tdiff*	（2）*survival*	（3）*tdiff*	（4）*survival*
kofgi	0.0285 *** (111.69)		0.0310 *** (102.48)	
tdiff		− 0.0497 *** (− 30.10)		− 0.0548 *** (− 35.71)
控制变量	控制	控制	控制	控制
固定效应	YES	YES	YES	YES
N	1035493	996775	925586	887657

注：各变量回归系数下方括号内数值为 z 值；*、**、***代表在 10%、5%、1% 的水平下显著。

四、拓展分析——企业创新的调节效应

前文研究发现，全球化有利于企业生存，技术扩散是重要渠道。当进口技术领先的产品时，企业必须积极主动地提高自身的研发水平，才能有效吸收国外先进技术[1]，真正做到技术引进为我所用，进而引致研发激励

---

[1] 大量研究证明，企业研发水平可以提高对于技术的吸收能力（Kinoshita，2000；Griffith et al.，2004；Hu et al.，2005）。

效应。如果企业研发水平不足，那么，即使引进技术也难以从中获得生产率提升（戴觅和余淼杰，2010）；如果只是单纯地模仿或简单复制先进技术，而不加以消化吸收再创新的话，就会陷入"引进—落后—再引进—再落后"的怪圈，企业将失去市场竞争力。基于上述事实，进一步研究企业创新、技术扩散与企业生存之间的关系就有十分重要的意义。

参考盛斌和毛其淋（2011）、毛其淋和许家云（2016）的做法，在模型（6-5）基础上引入企业创新变量（creative）以及它与市场规模的交叉项（market × creative），进一步扩展为如下模型：

$$\ln\lambda(t \mid x) = \beta_0 + \beta_1 tdiff_{it} + \beta_2 tdiff_{it} \times creative_{it} + \beta_3 creative_{it} + \beta_4 CV_{it}$$
$$+ YEAR + IND + DIST + \varepsilon_{it} \qquad (6-11)$$

其中，creative 为企业创新变量，采用企业专利数量来测度企业创新程度（Jaffe，1989；Zhou et al.，2017；陈思等，2017；张峰等，2019），具体采用企业每年被授权的专利总数。采用最终被授权的申请数量而不是企业申请数量，能够客观、准确反映企业的创新产出和创新水平。

从表6-20可以看到，交叉项 tdiff × creative 为负并且通过1%水平的显著性检验，表明企业创新能力越强，技术扩散对企业生存的促进作用就越大，即企业创新会进一步强化技术扩散对企业生存的改善作用（假设H7得证）。企业创新（creative）的估计系数也显著为负，表明企业创新能力强，积极从事研发创新活动可以树立和保持竞争优势，进而延长生存时间（Wagner & Cockburn，2007；Fontana & Nesta，2009；Esteve-Pérez et al.，2010；Buddelmeyer et al.，2010；Colombelli et al.，2013；鲍宗客，2016b）。

表6-20　　　　　企业创新对技术扩散渠道的调节回归结果

变量	survival
tdiff	-0.0578 *** (-44.27)
creative	-0.0103 *** (-4.45)
tdiff × creative	-0.000109 ** (-0.08)

续表

变量	*survival*
控制变量	控制
固定效应	YES
N	1920151

注：各变量回归系数下方括号内数值为 z 值；＊、＊＊、＊＊＊代表在 10%、5%、1% 的水平下显著。

第五节　全球化、融资约束与企业生存

一、融资约束渠道基准检验

具体步骤同前文，用以检验全球化（*kofgi*）是否通过融资约束（*fc*）渠道影响企业生存（*survival*）。第一步，利用式（6－6）识别全球化与融资约束之间的因果关系；第二步，利用式（6－7）识别融资约束与企业生存之间的因果关系。

若全球化的系数 g_1 与融资约束的系数 h_1 均显著，则说明全球化确实能够通过融资约束渠道影响企业生存。

表6－21 第（1）列为本书的基准回归模型，检验的是全球化与企业生存之间的关系，由第五章基本回归结果（表5－2 第（5）列），可以得出，全球化对企业生存的回归系数为 －0.00817，且通过了 5% 的显著性检验，即全球化改善了企业生存状况；第（2）列检验全球化和融资约束之间的关系，回归系数为 －0.00282，且通过 1% 的显著性检验，说明全球化显著缓解了融资约束；第（3）列检验的是融资约束与企业生存之间的关系，回归系数为 0.0588，且通过了 1% 的显著性检验，说明融资约束效应负向影响企业生存，即恶化企业生存状况。综合上述结果，可以证实全球化通过融资约束渠道影响企业生存（假设 H8a、假设 H9 得证）。

表 6 – 21　　　　　　全球化影响企业生存的融资约束渠道回归结果

变量	（1）*survival*	（2）*fc*	（3）*survival*
kofgi	– 0. 00817 ** （ – 1. 26）	– 0. 00282 *** （ – 33. 85）	
fc			0. 0588 *** （7. 62）
控制变量	控制	控制	控制
固定效应	YES	YES	YES
N	1869039	1999267	1920151

注：各变量回归系数下方括号内数值为 z 值；＊、＊＊、＊＊＊代表在 10%、5%、1% 的水平下显著。

二、稳健性检验

（一）替换融资约束衡量指标

在基准回归中，采用 *SA* 指标来衡量融资约束效应。借鉴陈勇兵和蒋灵多（2012）、马述忠等（2017）的做法，采用企业流动资产比率来衡量融资约束（*fc*），具体由公式"（流动资产 – 流动负债）／总资产"计算而来（Chen & Guariglia，2013）。流动资产比率越大说明企业财务状况越健康，融资约束也就越小。采用流动资产比率倒数构建融资约束指数，回归结果见表 6 – 22，系数符合预期，与基准回归保持一致。

表 6 – 22　　　　　　融资约束其他衡量指标回归结果

变量	（1）*fc*	（2）*survival*
kofgi	– 0. 00247 *** （ – 35. 28）	
fc		0. 00721 *** （3. 80）
控制变量	控制	控制
固定效应	YES	YES

续表

变量	(1) *fc*	(2) *survival*
N	1999267	1920151

注：各变量回归系数下方括号内数值为 z 值；＊、＊＊、＊＊＊代表在 10% 、5% 、1% 的水平下显著。

（二）变换全球化衡量指标

为了考察估计结果的稳健性，与前文类似重新度量全球化指数，以检验全球化影响融资约束的基本回归是否稳健。

根据表 6 - 23 的回归结果，第（1）～（3）列中全球化对融资约束的回归系数都显著为正，说明全球化显著缓解了融资约束。这一结果与前文基准回归估计结果保持一致，因而回归结果是稳健的。

表 6 - 23　　　　　　　　全球化其他衡量指标回归结果

变量	(1) $kofgi_{firm}$	(2) $kofgi_{cic}$	(3) efi
$kofgi$	− 0. 00373 ＊＊＊ （− 7. 58）	− 0. 00165 ＊＊＊ （− 6. 09）	− 0. 000290 ＊＊＊ （− 33. 19）
控制变量	控制	控制	控制
固定效应	YES	YES	YES
N	1999267	1999267	1999267

注：各变量回归系数下方括号内数值为 z 值；＊、＊＊、＊＊＊代表在 10% 、5% 、1% 的水平下显著。

（三）全球化的时滞问题

考虑到全球化对融资约束的影响可能存在时滞效应，对回归模型（6 - 6）中全球化指数取滞后一期和滞后两期，以观察其估计结果是否发生改变。

如表 6 - 24 第（1）列和第（2）列所示，无论全球化滞后一期还是滞后二期，其对融资约束的影响效应均显著为正。但是，随着滞后期的延长，影响程度不断减弱，表明全球化对融资约束的缓解效果会随着时间的推移而逐渐减弱。

表 6 – 24　　　　　　全球化时滞影响融资约束回归结果

变量	（1）滞后一期	（2）滞后两期
kofgi	– 0.00286 *** （ – 33.95 ）	– 0.00284 *** （ – 33.86 ）
控制变量	控制	控制
固定效应	YES	YES
N	1999267	1999267

注：各变量回归系数下方括号内数值为 z 值；＊、＊＊、＊＊＊代表在 10%、5%、1% 的水平下显著。

三、融资约束渠道的异质性考察

由于存在异质性，融资约束对企业生存的影响表现可能不同，因此，需通过异质性分析，以检验融资约束的影响机制否存在显著差异。

（一）企业年龄

前文分析可知，融资约束可以改善企业生存状况。表 6 – 25 显示，在新老企业均显著存在，但是上述影响存在差异。由回归系数大小可知，融资约束对于新成立企业的影响效果更加明显。可能原因在于，新成立企业刚刚进入市场，对于资金需求更为迫切，融资约束对其影响较大。

表 6 – 25　　　　　融资约束渠道效应在不同年龄组回归结果

变量	新成立企业		非新成立企业	
	（1）*fc*	（2）*survival*	（3）*fc*	（4）*survival*
kofgi	0.00166 *** （12.61）		0.000231 *** （24.35）	
fc		0.233 *** （13.90）		0.424 *** （37.25）
控制变量	控制	控制	控制	控制
固定效应	YES	YES	YES	YES

变量	新成立企业		非新成立企业	
	（1） *fc*	（2） *survival*	（3） *fc*	（4） *survival*
N	813806	734690	1185461	1185461

注：各变量回归系数下方括号内数值为 z 值；*、**、***代表在 10%、5%、1% 的水平下显著。

（二）企业规模

对于不同规模企业，融资约束的影响因显著存在差异。由表 6 - 26 第（2）、第（4）、第（6）列可知，融资约束对小企业生存的影响要大于中大型企业。可能的原因在于，大中型企业实力雄厚，占据较大的市场份额，销售比较稳定；而小企业因规模小、自身生产能力有限，销售额较低从而营业收入低，因此，面临融资约束。

表 6 - 26　　　　　　　　融资约束渠道效应在不同规模组回归结果

变量	小企业		中等企业		大企业	
	（1） *fc*	（2） *survival*	（3） *fc*	（4） *survival*	（5） *fc*	（6） *survival*
kofgi	- 0.00134 *** (- 10.22)		- 0.00559 *** (- 13.11)		- 0.000345 (- 24.91)	
fc		0.864 *** (110.07)		0.523 *** (120.96)		0.153 ** (113.48)
控制变量	控制	控制	控制	控制	控制	控制
固定效应	YES	YES	YES	YES	YES	YES
N	666337	626578	666444	642389	666486	651184

注：各变量回归系数下方括号内数值为 z 值；*、**、***代表在 10%、5%、1% 的水平下显著。

（三）企业所有权分类

1. 国有企业与非国有企业

由表 6 - 27 中估计结果可知，全球化均显著缓解融资约束；进一步，融资约束在国有企业组的影响并不显著，对非国有企业的影响明显。上述现象产生的原因在于，国有企业由于其特殊性质，长期获得政府的政策支持以及现金补贴，而非国有企业难以获得政府扶持，在金融市场的融资难度较大。

表 6 - 27　　　　融资约束渠道效应在国有、非国有企业组回归结果

变量	国有企业		非国有企业	
	(1) fc	(2) survival	(3) fc	(4) survival
kofgi	− 0.000657 *** (− 2.96)		− 0.00280 *** (− 33.82)	
fc		0.149 (3.66)		0.0768 *** (9.76)
控制变量	控制	控制	控制	控制
固定效应	YES	YES	YES	YES
N	16077	15012	1983190	1905139

注：各变量回归系数下方括号内数值为 z 值；*、**、***代表在 10%、5%、1% 的水平下显著。

2. 外资企业与非外资企业

由表 6 - 28 中估计结果可知，全球化均显著降低了企业生存风险；其中，融资约束对企业生存的影响均显著，并且对外资企业的影响大于非外资企业。

表 6 - 28　　　　融资约束渠道效应在外资、非外资企业组回归结果

变量	外资企业		非外资企业	
	(1) fc	(2) survival	(3) fc	(4) survival
kofgi	0.000194 *** (− 15.69)		− 0.000313 *** (81.84)	
fc		0.861 *** (− 38.04)		0.227 *** (− 17.26)
控制变量	控制	控制	控制	控制
固定效应	YES	YES	YES	YES
N	369083	361172	1630184	1558979

注：各变量回归系数下方括号内数值为 z 值；*、**、***代表在 10%、5%、1% 的水平下显著。

（四）行业竞争程度

根据计算行业的 HHI 指数均值，将所有行业按照均值分为 2 组：竞争程度高（HHI > 均值）和程度低行业（HHI < 均值）。由表 6 - 29 第（2）列和第（4）列回归系数可知，如果企业所在行业竞争程度高，融资约束对企业生存的影响就越大。其背后的机理在于，行业竞争激烈，企业迫切需要提升竞争力、在市场中站稳脚跟，因而对资金的需求加大，更容易遭受融资约束。

表 6 - 29　　　　融资约束渠道效应在不同竞争程度行业间回归结果

变量	竞争程度低行业		竞争程度高行业	
	（1）*fc*	（2）*survival*	（3）*fc*	（4）*survival*
kofgi	- 0.00656 *** （- 20.75）		- 0.0295 *** （- 133.88）	
fc		0.0294 *** （0.99）		0.0677 *** （8.45）
控制变量	控制	控制	控制	控制
固定效应	YES	YES	YES	YES
N	185400	176231	925586	887657

注：各变量回归系数下方括号内数值为 z 值；*、**、***代表在 10%、5%、1% 的水平下显著。

四、进一步拓展——金融发展水平的调节效应

前文研究发现，全球化有利于企业生存，融资约束是重要的传导路劲。而金融发展水平越高，就更加有利于降低资金交易成本，增加资金交易便利性，拓宽企业融资渠道。

参考盛斌和毛其淋（2011）、毛其淋和许家云（2016）的做法，笔者在模型（6-7）基础上引入金融发展变量（*fd*）以及它与融资约束的交叉项（*fc* × *fd*），进一步扩展为如下模型：

$$\ln\lambda(t\mid x) = \gamma_0 + \gamma_1 fc_{it} + \gamma_2 fc_{it} \times fd_{it} + \gamma_3 fd_{it} + \gamma_4 CV_{it} + YEAR + IND +$$

$$DIST + \varepsilon_{it} \qquad\qquad (6-12)$$

其中，fd 为金融发展变量，借鉴舒埃特（Hsueta，2014）、布朗等（Brown et al.，2016）的做法，使用各地区当年贷款余额与地区 GDP 比值进行测度。

从表 6 - 30 可以看到，交叉项 $fc \times fd$ 为负并且通过布朗 1% 水平的显著性检验，表明金融发展水平越高，融资约束对企业生存的负面作用就越小，即金融发展水平缓解了融资约束对企业生存的恶化作用。金融发展水平（fd）的估计系数也显著为负，表明金融发展水平高的地区，企业可有效筹措资金，进而延长生存时间（假设 H10 得证）。

表 6 - 30　　　　　金融发展对融资约束渠道效应的调节回归结果

变量	survival
fc	0.233 *** （11.09）
fd	- 1.076 *** （- 16.94）
$fc \times fd$	- 0.171 *** （- 9.79）
控制变量	控制
固定效应	YES
N	1869039

注：各变量回归系数下方括号内数值为 z 值；＊、＊＊、＊＊＊代表在 10%、5%、1% 的水平下显著。

第六节　本章小结

一、全球化与企业生存的关系

第五章基准回归表明，全球化在整体上显著降低了企业生存风险，全球化程度每提高1%，企业的生存风险将下降0.817%。在全球化背景下，各国实施贸易自由化，进一步削减关税、降低非关税壁垒等，改善了企业生存环境。

二、全球化通过市场规模渠道影响企业生存

在证实全球化与企业生存之间的关系之后，进一步探讨全球化如何影响企业生存变得愈发重要，有必要深入研究全球化影响企业生存的传导机制。

本章首先探讨了全球化是否通过市场规模渠道影响企业生存。实证结果表明，市场规模是影响企业生存的重要变量，市场规模的扩大/缩小可以有效改善/恶化企业生存状况（Krugman，1980；卞元超和白俊红，2020）。在全球化对企业生存带来正面影响的过程中，市场规模是重要的影响渠道。全球化对企业生存的影响，一方面对企业生存产生直接影响，另一方面亦可通过扩大市场规模进而改善企业生存状况，即全球化可以通过市场规模渠道影响企业生存。在此，市场规模是重要的影响机制，既体现与全球化的因果关系（全球化对市场规模的影响系数为0.143[***]），又反映出与企业生存的因果关系（市场规模对企业生存的影响系数为-0.0267[***]）。

异质性检验表明，市场规模对企业生存的影响，在不同年龄、规模、所有制企业间存在显著差异；创新能力更强的企业，其生存受市场规模的影响更大。

历史经验表明，一国经济发展离不开统一的国内市场。因为市场规模越大，市场竞争越充分，资源就会流向报酬率更高的产业、区域，带来规模效应。因此，统一大市场可以提升一国整体的经济效率，并促进全民福祉；反之，市场分割导致产品与生产要素不能充分流通，效率会出现损失（行伟波和李善同，2009）。大量文献证实，由于国内市场分割的存在，国内市场规模效应难以有效发挥（冯伟等，2019；江小涓，2010；陆铭，2004）。

因此，市场一体化发挥着调节作用。市场一体化程度越高，市场规模对企业生存的平均促进作用就越大。

三、全球化通过技术扩散渠道影响企业生存

本章探讨技术扩散是否是全球化影响企业生存的渠道。实证结果表明，全球化对企业生存带来正面影响的过程中，技术扩散是重要的影响渠道，既体现与全球化的因果关系（全球化对技术扩散的影响系数为 0.0291[***]），又反映出与企业生存的因果关系（技术扩散对企业生存的影响系数为 −0.0578[***]）。

异质性检验表明，技术扩散对企业生存的影响，在不同年龄、规模、所有制企业以及地区市场一体化程度下存在显著差异。

在此过程中，创新发挥着调节作用。进行创新的企业，其生存受技术扩散的影响程度更高，即创新程度高的企业在获取技术扩散时可事半功倍[①]，创新对企业生存的正向影响具有"加速"效应，即企业创新程度高，技术扩散对企业生存的正向影响会随之增强。

四、全球化通过融资约束渠道影响企业生存

本章探讨融资约束是否是全球化影响企业生存的渠道。实证结果表明，融资约束与企业生存间存在因果关系，融资约束的放大将恶化企业生存状况。在全球化对企业生存带来正面影响的过程中，融资约束是重要的影响渠道，既体现与全球化的因果关系（全球化对融资约束的影响系数为 −0.00282[***]），又反映出与企业生存的因果关系（融资约束对企业生存的影响系数为 0.0588[***]）。

异质性检验表明，融资约束对企业生存的影响，因企业所有制及行业竞争程度不同而存在显著差异。

---

① 大量研究证明，企业研发水平可以提高对于技术的吸收能力（Kinoshita, 2000; Griffith et al., 2004; Hu et al., 2005），从而提升技术扩散效应。

进一步拓展研究证实，金融发展水平可以调节融资约束对企业生存的影响。具体来看，金融发展水平越高，企业更加容易获取外部融资，从而有效缓解融资约束，改善生存状况。

综上所述，全球化影响企业生存过程中，市场规模、技术扩散以及融资约束是重要的传导路径，并且市场一体化、企业创新以及金融发展水平能够发挥调节作用。因而，经济发展新格局背景下，一方面应加快建设统一大市场，降低市场分割程度，推动商品、要素的自由流通；另一方面应继续坚持创新发展战略，配套相应财税激励政策，推动企业加大自主研发力度。同时，要持续深化金融供给侧结构性改革，实施稳健的货币政策，稳步扩大金融，促进金融与实体经济的良性循环。

第七章

逆全球化对中国企业生存的冲击检验

通过前文分析可知，就中国工业企业而言，全球化带来的影响总体上利大于弊。中国企业通过积极参与全球价值链而受益，整体生存状况有所提升。但2016年英国全民公投确定脱离欧盟、主张贸易保护的特朗普就任美国总统、意大利修宪公投失败、中美贸易摩擦等一系列事件的发生，使本就遭遇挫折的全球化更加举步维艰，逆全球化思潮高涨。① 因而，中国外向型经济和出口的制造业部门受到很大影响，企业生存与发展也面临冲击。

本章通过构建逆全球化指数，利用2014~2019年中国上市公司数据，实证检验逆全球化冲击对企业生存②的影响。本章亦可视为前文的稳健性检验，使用最近年份上市公司数据从而将微观企业数据年份更新至2019年，从而可以有效观察到2016年开始的逆全球化浪潮，对企业的负面冲击和企业生存的影响，反向验证全球化对企业生存的正向影响。

---

① 部分学者将2016年定义为本轮逆全球化元年。《人民论坛》问卷调查中心进行的年度最受关注十大思潮的调查结果显示，2017~2020年逆全球化、反全球化、贸易保护连续上榜。

② 由于中国工业企业数据库只到2013年，2014~2019年采用的是中国上市公司数据。鉴于上市公司数据特点，无法探知其是否退出市场（退市不退场）。因而，只能退而求其次通过检验逆全球化对企业生存质量的冲击。鉴于企业绩效能够充分体现企业生存状况，因而本节实证检验中使用企业绩效作为企业生存质量的代理指标。

第一节　引　言

　　全球化是人类活动，特别是经济活动跨越国界的过程，商品和要素的全球流动，推动了全球经济增长。世界的发展进程昭示，全球化是人类社会发展的必然趋势。正如著名经济学家邓宁所述，"除非天灾人祸，否则经济活动的全球化不可逆转"（Dunning，1996）。

　　但需指出，全球化趋势虽然不会被逆转，但是逆全球化因素一直存在，并且会间歇性增强。全球化推进的同时，制约全球化的力量长期存在。比如，1929 年经济大萧条、两次世界大战、美苏争霸、石油危机、亚洲金融危机、"9·11"恐怖袭击等，全球化进程并非"一帆风顺"。自2008 年金融危机后，本轮全球化进程发生转折，逆全球化思潮风起云涌，贸易开放的不确定性增大，企业外向经营明显受到影响，生存环境持续恶化。

　　逆全球化和全球化作为一个硬币的正反面，两者存在此消彼长的关系。在全球化不断发展的同时，逆全球化是伴生物。质疑全球化主流趋势的声音从未停止，尤其是在全球化进程中部分利益受到损害的群体。

　　同时，随着全球宏观经济环境的不确定性变强，全球特别是发达国家的贸易保护意识明显提高，开放程度有所下降。发达国家一改往常拥护贸易自由化转而加强贸易保护，对外投资、技术扩散等对外流速明显放缓，部分发展中国家发展遭受不利影响。比如，外商纷纷从中国撤资，外贸企业订单大幅减少，企业经营举步维艰；并且，进一步通过产业关联和扩散效应，引致没有外贸业务的企业状况也大受影响。

　　前文分析和检验了全球化进程中，中国企业生存状况总体上得到改善①，进一步论证发现国内市场分割的加剧、创新能力低下②以及金融发展

---

① 不排除部分企业受损，因为企业个体异质性使得影响程度不尽相同。
② 中国出口型工业企业中大多数都是代工企业，主要从事加工贸易。它们出口订单数量增长和出口强度增加并不表明其自身技术创新能力的提升，长期来看甚至存在低端锁定效应，再加上受到处在价值链高端企业的技术封锁和阻挠，就难以有效提高技术创新水平。

水平不高产生了负向调节作用，从而减弱了全球化的积极影响。

关于逆全球化对于微观层面企业主体的影响，以及进一步探讨微观影响机制，少有学者进行研究，具体到逆全球化与企业生存关系的实证检验，更是鲜见。本章主要基于反向推理，构建逆全球化指数并利用中国上市公司数据，实证检验外部逆全球化冲击对企业生存的影响。作为全球化的对立面，逆全球化对企业生存的负面冲击，在一定程度上也验证了"全球化对企业存续带来正面影响"这一结论的稳健性。

第二节　研究假设

近年来，发达国家对中国经济发展、技术进步等的焦虑集体爆发，甚至大肆宣扬"中国威胁论"。[①] 更进一步，发达国家贸易保护针对的目标由行业向特定企业转移，甚至直接使用"禁售"手段。例如，2019 年 5 月，美国将华为及其附属公司列入实体清单，限制华为购买美国公司产品。下文先对"华为遭受美国制裁"案例进行简要梳理，以便于更好地理解逆全球化对企业生存的影响机理。

一、华为受制裁案例简述

（一）事件时间线回顾

2019 年 5 月 15 日，美国将华为列入"实体清单"，理由是所谓的"国家安全"，禁止所有的国内企业从华为购买设备，同时禁止华为向美国企业采购配件或技术。

2020 年 5 月 15 日，美国加大对华为的制裁力度，主要为了打击华为的芯片业务，限制华为购买和使用由美国技术和软件制造的芯片。

---

① 这种焦虑更多来自政府官员，对于跨国公司而言，其本身利益并没有受损。例如，特斯拉在中国上海设立工厂组装电动汽车。

2020 年 8 月 17 日，美国商务部再次将华为列入实体清单，对华为及相关企业购买利用美国技术和软件制造的第三方产品进行了更多的限制。也就是说，联发科、三星等以美国技术和软件为基础的公司，都不能为华为代工芯片。

伴随着美国单方面宣布制裁华为后，欧美多国纷纷跟进，对华为展开了"围剿"。2020 年 7 月 14 日，英国宣布自 2021 年 1 月 1 日起，不再购买华为 5G 设备，并计划 2027 年之前拆除现有的华为设备。此后，法国、瑞典、挪威、保加利亚、爱沙尼亚、澳大利亚等国，也都旗帜鲜明地表示禁用华为通信设备。

（二）制裁带来的影响

华为身处美国对先进技术持续封锁的逆境，公司经营、研发等活动受到影响。

1. 营业收入下滑明显

受制于美国禁止购买华为产品，以及欧美多个国家的禁用行为，2021 年华为营业收入显著下滑（见图 7 - 1），这主要因为消费者业务收入下降带来的影响。受限于手机芯片短缺，华为在出售荣耀品牌后，手机业务大幅下滑。进一步观察华为营业收入区域构成可知（见图 7 - 2），国际市场的营业收入均呈现下降趋势。

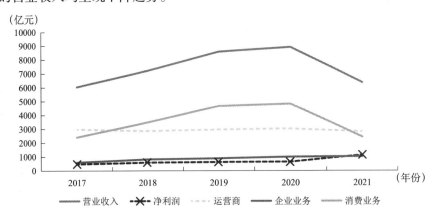

图 7 - 1　2017 ~ 2021 年华为营业收入情况

资料来源：笔者根据华为年报整理绘制。

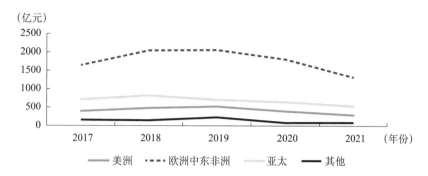

（亿元）

| 美洲 | 欧洲中东非洲 | 亚太 | 其他 |

图 7 - 2　2017～2021 年华为营业国际市场分布情况

资料来源：笔者根据华为年报整理绘制。

2. 遭受技术封锁，软硬件均受影响

华为遭受的技术封锁，除自身产品销售受限外，还被禁止从美国企业购买配件或技术，限制购买和使用美国技术及软件制造的芯片。此外，美国还限制华为相关实体使用或通过第三方使用美国技术或软件生产的产品。众多周知，在 ICT 领域，技术复杂性带来的专利繁多，厂商之间交叉授权十分普遍。华为被列入"实体清单"后，硬件的生产和采购大受影响，突出表现就是手机芯片的短缺。即使拥有完全自主设计的海思麒麟处理器，但苦于技术受限，无法自行生产或委托代工生产。

硬件禁用之外，软件也有限制使用。华为手机安装的安卓系统，被谷歌公司停用 GMS，无法使用谷歌商店、地图、gmail、Youtube 等应用服务，这直接影响了国际市场对华为手机的需求。

3. 资金流受限

伴随营业收入的下滑，企业资金使用必然受限。虽然 2021 年总体利润有所上升，但主要由出售荣耀品牌贡献而来。如果剔除掉出售业务所得，总体利润下滑明显。

在遭受美国制裁后，手机芯片数量难以满足需求，因而华为决定出售荣耀品牌。2020 年 11 月 17 日，深圳市智信新信息技术有限公司与华为签署收购协议，全资收购荣耀品牌相关业务资产。此举意在确保荣耀品牌以及供应链企业的存活。

同时，华为还进一步收缩业务，2021 年 11 月 8 日退出由其全资控股的超聚变数字技术有限公司。

（三）华为的应对策略及启示

1. 针对技术封锁，继续加强研发投入和创新

面对制裁，华为并没有失去方寸，一味向美方低头，而是有条不紊地调动起自己的"战略储备"，比如海思[①]旗下麒麟芯片等硬件产品、鸿蒙[②]等软件产品。华为能够如此迅速地拿出应对之策，这与其一贯实施的创新战略与居安思危的理念密不可分。即使在艰苦的 2019 年、2020 年，面对美国制裁，华为仍然大幅增加研发费用。得益于多年持续投入的大量研发资金，华为拥有了自主研发实力，积累了大量专利（见表 7 - 1）。面对美国制裁，虽然遭受巨大损失，华为仍然依靠海思、鸿蒙等软硬件产品取得了不俗的业绩，顶住了美国的制裁，存活了下来。

表 7 - 1   2017 ~ 2021 年华为研发活动概况

指标	2017 年	2018 年	2019 年	2020 年	2021 年
研发投入（亿元）	897	1015	1317	1418. 93	1426. 7
收入占比（%）	14. 9	14. 1	15. 3	15. 9	22. 4
研发人员（万人）	8	8	9. 6	10. 5	10. 7
占比（%）	45	45	49	53. 4	54. 8
累积专利持有量（件）	74307	87805	85000	100000	110000

资料来源：华为历年公司年报。

[①] 根据天眼查显示，海思半导体是一家半导体公司，成立于 2004 年 10 月，华为全资子公司，其前身是创建于 1991 年的华为集成电路设计中心。据全球知名机构发布《中国半导体产业深度分析报告》显示，在 2018 年中国半导体行业市值的总产值达到了 2515 亿元，其中华为海思以 503 亿元年营业收入排在了中国第二。

[②] 2019 年 8 月 9 日，华为正式发布鸿蒙系统（HUAWEI HarmonyOS），标志着国产操作系统打破了国外巨头垄断的局面。经过一系列的内测和升级，2021 年 6 月 2 日，华为正式发布 HarmonyOS 2 及多款搭载 HarmonyOS 2 的新产品。这也意味着鸿蒙操作系统由 BETA 版变成面向市场的正式产品。

2. 多方开拓业务，稳收入保利润

面对严峻的国际市场形势、美国的严厉制裁，华为多项措施并举，在稳定核心业务的基础上，积极开拓业务。例如，继续投入软件、芯片设计，麒麟处理器、鸿蒙系统不断更新完善；在手机业务之外，进军智能设备市场，智能穿戴、手环等业务不断增长；在 ICT 核心业务外，紧密结合物联网、数字经济潮流，大力发展万物互联、数字化产品；关注国内市场，大力培育国内供应链企业成长，形成供应链闭环等。

二、研究假设提出

第四章对全球化与企业生存的机理进行分析，结合华为的案例可知，逆全球化作为全球化的对立面，同样可以通过市场规模、技术扩散以及融资约束渠道对企业生存造成影响。而本土市场一体化可以缓解逆全球化通过市场规模渠道对企业生存的负面影响，创新可以缓解逆全球化通过技术扩散渠道对企业生存的负面影响，金融发展水平可以缓解逆全球化通过融资约束渠道对企业生存的负面影响。结合上述案例和前文影响机理分析，本节将对以下假设进行检验。

假设 1b：逆全球化负向冲击企业生存。

假设 2b：逆全球化降低市场规模。

假设 3：市场规模与企业生存有因果关系。

假设 4：市场一体化在市场规模影响企业生存机制中起到调节作用。

假设 5b：逆全球化限制技术扩散。

假设 6：技术扩散影响企业生存。

假设 7：企业创新在技术扩散影响企业生存机制中起到调节作用。

假设 8b：逆全球化加剧融资约束。

假设 9：融资约束影响企业生存。

假设 10：金融发展程度在融资约束影响企业生存机制中起到调节作用。

第三节 模型选择、变量设定及数据来源

一、模型选择

(一) 基准回归

本章利用非平衡面板数据分析逆全球化对企业生存的总体影响,参考已有研究文献,扩展为以下基准回归模型:

$$\ln\lambda(t\mid x) = \alpha_0 + \alpha_1 antig_{it} + \alpha_2 antig_{it-1} + \alpha_3 CV_{it} + YEAR + IND + $$
$$DIST + \varepsilon_{it} \tag{7-1}$$

其中,i 表示企业,t 表示年,$\ln\lambda$ ($t\mid x$) 表示企业生存,$anitg_{it}$、$antig_{it-1}$ 分别表示当期和滞后一期的逆全球化指数,α_i 为待估参数,CV_{it} 为控制变量,$YEAR$、IND、$DIST$ 表示年份、行业、地区固定效应,ε_{it} 为随机扰动项。

(二) 影响机制检验模型

为量化识别逆全球化影响企业生存的影响机制,借鉴陈诗一和陈登科 (2018) 的做法,笔者构建传递效应模型识别其影响机制。具体参考李建明和罗能生 (2020) 的研究,将计量模型设定如下:

$$market_{it} = a_0 + a_1 antig_{it} + a_2 CV_{it} + YEAR + IND + DIST + \varepsilon_{it} \tag{7-2}$$

$$survival = b_0 + b_1 market_{it} + b_2 CV_{it} + YEAR + IND + DIST + \varepsilon_{it} \tag{7-3}$$

$$tdiff_{it} = c_0 + c_1 antig_{it} + c_2 CV_{it} + YEAR + IND + DIST + \varepsilon_{it} \tag{7-4}$$

$$survival = d_0 + d_1 tdiff_{it} + d_2 CV_{it} + YEAR + IND + DIST + \varepsilon_{it} \tag{7-5}$$

$$fc_{it} = g_0 + g_1 antig_{it} + g_2 CV_{it} + YEAR + IND + DIST + \varepsilon_{it} \tag{7-6}$$

$$survival = h_0 + h_1 fc_{it} + h_2 CV_{it} + YEAR + IND + DIST + \varepsilon_{it} \quad (7-7)$$

其中，式（7-2）、式（7-3）用以检验市场规模机制（$market$）在逆全球化（$antig$）影响企业生存（$survival$）过程中的作用；

式（7-4）、式（7-5）用以检验技术扩散机制（$tdiff$）在逆全球化影响企业生存过程中的作用；

式（7-6）、式（7-7）用以检验融资约束机制（fc）在逆全球化影响企业生存过程中的作用。

若逆全球化与市场规模、技术扩散、融资约束的系数（a_1、c_1、g_1）均显著，以及市场规模、技术扩散、融资约束与企业生存的系数（b_1、d_1、h_1）显著，说明全球化确实能够通过市场规模、技术扩散及融资约束渠道间接影响企业生存。

二、变量设定

（一）被解释变量：企业生存

由于上市公司数据的特点，很难严格地进行生存分析。因此，本书采取折中方案，转而使用企业绩效来反映企业生存的真实状况。具体地，为检验逆全球化对企业生存和发展的影响，本书选取能够反映企业当前业绩的财务业绩指标（ROA）作为基准回归，以及能够反映未来业绩的市值业绩指标（托宾 Q 值）进行稳健性检验。

（二）解释变量：逆全球化

为了方便解释，本书以世界经济全球化指数（KOF 指数）来构造行业层面逆全球化指数 $anitg_{jt}$，该变量上升则代表外部逆全球化冲击增强。具体构造方式如下：

$$anitg_{jt} = 1/kofgi_{cic}$$

其中，$kofgi_{cic}$ 为两位代码 j 行业 t 年的行业层面全球化指数，具体构造过程如同前文。

（三） 机制变量

1. 市场规模

在进行市场规模渠道检验之前，首先需要对市场规模效应进行合理测度。由于上市公司不汇报进出口数据，并且企业层面海关数据只披露至2016 年，因此，难以使用进出口数据来进行度量。故采用上市公司营业收入取对数来衡量市场规模，原因在于，企业营业收入为企业出售商品、提供劳务的全部收入，在一定程度上体现了企业面对的市场规模。

2. 技术扩散

受限于 2017～2019 年企业层面技术扩散数据难以获得，本节使用行业层面技术扩散数据构建企业层面中间品进口技术扩散指标（$sinput$），计算公式具体如下：

$$sinput_{it} = \sum_j \frac{IM_{ijt}}{GDP_{jt}} S_{jt}^d$$

其中，$sinput_{it}$ 表示企业 i 在 t 年通过中间品进口获得的研发溢出存量，IM_{ijt} 表示企业 i 在 t 年从 j 国进口的中间品总值，GDP_{jt} 为 j 国在 t 年的国内生产总值，S_{jt}^d 为 j 国第 t 年的国内研发存量，使用永续盘存法进行计算（Goldsmith，1951）：$S_{jt}^d = (1 - \delta) S_{jt-1}^d + RD_{jt}$。其中，$\delta$ 为研发资本折旧率，沿用前文设定为 5%，RD_{jt} 为 j 国第 t 年当年的研发支出。

涉及的各国（地区）GDP、RD 等数据来自 UNCOMTRDE（联合国贸易数据库）和世界银行数据库。

3. 融资约束

基准回归使用 SA 指数来衡量融资约束，借鉴哈德洛克和皮尔斯（Hadlock & Pierce，2010）的做法，采用下式计算 SA 指数。

$$SA = -0.737 \times size + 0.043 \times size^2 - 0.04 \times age$$

其中，$size = ln$（总资产），age 为年龄。SA 指数通常为负，其绝对值越大意味着融资约束程度越高。

进一步使用 KZ 指数（Kaplan & Zingales，1997）和 WW 指数（Whited & Wu，2006）进行稳健性检验。

（四）控制变量

借鉴现有研究（安同良和施浩，2006；聂辉华等，2008；He & Tian，2013 等），笔者引入影响企业生存的企业、地区、行业控制变量。

1. 公司特征

（1）企业规模（size）。使用雇员数衡量企业规模（杜传忠和郭树龙，2012；吴先明等，2017），鉴于生存与规模间可能的非线性关系，同时引入 size、size2 两个指标（Colombelli et al.，2013）。

（2）企业年龄（age）。采用观测年份与成立年份的差来衡量。将企业规模与年龄加入回归，检验中国企业是否遵从吉布雷特法则（Gilbert's law）。

（3）企业生产率（tfp）。当前全要素生产率（TFP）测算有 Normal 法、OP 法、LP 法等，综合考虑各自利弊，最终选定 LP 法（鲁晓东等，2012）。

（4）资本密集度（klratio）。采用固定资产净值年平均余额与从业人员年平均人数的比值进而取对数来计算。

（5）企业利润率（profit）。以净利润除和销售额的比值来测算，其中"净利润 = 利润总额 – 补贴收入"（邵敏和包群，2011）。

（6）是否为国有企业（state）和是否为外资企业（foreign）。上市企业通常汇报"是否为国有控股"，国有控股取值为 1，非国有控股为 0；将"外商独资""中外合资"定义为外资企业（foreign = 1），剩余为非外资企业（foreign = 0）。

2. 行业特征

（1）赫芬达尔 – 赫希曼指数（hhi）。

$$hhi_{jt} \sum_{i \in I_j} (sale_{it}/sale_{jt})^2 = \sum_{i \in I_j} S_{jt}^2$$

其中，$sale_{it}$ 表示 i 企业 t 年的销售额，$sale_{jt}$ 则为 t 年 j 行业的销售总额，该变量可以反映市场结构也即行业竞争激烈程度。

（2）行业利润率（cicpratio）。虽然营利性企业的生存状况好于亏损企业，但如果行业存在超额利润，则会吸引大量潜在进入者，从而对在位企业构成威胁，提高了其生存风险。

（3）行业开放程度（*cicopen*）。使用某行业进出口总额与一国 GDP 的比例来衡量，用以反映行业与国际市场联系程度。

3. 地区特征

（1）经济发展程度（*lngdp*）。以地区实际 GDP（1998 年为基期）的对数值来度量。

（2）地区对外依存度（*dzycd*）。参照盛斌和毛其淋（2015）的方法，以外贸依存度和外资依存度进行主成分法加权求得。

此外，进一步控制行业（*IND*）、区域（*DIST*）及年份固定效应（*YEAR*）。

三、数据来源

前文在分析全球化对中国企业生存影响时，考虑全球化发展进程（时间节点）和生存分析特点，采用 2000～2013 年中国工业企业数据库来进行分析。

为分析逆全球化浪潮对于中国微观企业的影响，本章使用 2014～2019 年上市公司数据。其理由如下：（1）中国工业企业数据库本身的时间范围，与逆全球化的时间重叠（overlap）部分很短①，难以有效刻画；（2）上市公司数据最近年份为 2019 年，和逆全球化有重叠部分，可有效检验逆全球化带来的冲击。

本节所使用数据主要来源如下，并根据现有做法进行了处理：一是 2014～2019 年上市公司数据，来自万得和国泰安数据库②；二是地区、行业数据，均来自《中国统计年鉴》、各省市统计年鉴；三是世界贸易、关

---

① 以 2008 年金融危机作为本轮逆全球化的起点，两者有交集；如果以 2016 年为起点，则两者没有重叠。

② 由于研究对象为工业企业，因此仅保留行业代码 06－46 的工业上市公司数据。由于涉及新旧行业编码转换，11、12、42～46 等 7 个行业数据连贯性较差，予以剔除。

税等数据，来自世贸组织 Tariff Download Facility、联合国贸易数据库、世界银行数据库；四是 KOF 全球化指数。

四、变量描述性统计

（一）描述性统计

主要变量的描述性统计见表 7 - 2。

表 7 - 2　　　　　　　　变量描述性统计（逆全球化）

指标	变量	观测值	均值	标准差	最小值	最大值
被解释变量	roa①	10841	0.0554644	0.084283	0.000056	0.205589
解释变量	antig	10841	1.35372	0.0396366	1.257479	1.822754
个体特征	size	10841	22.03952	1.236303	17.38817	28.63649
	age	10841	9.77253	7.255047	0	29
	tfp_ lp	10841	7.044308	2.008196	3.679852	10.47115
	klratio	10841	12.5971	0.9170397	3.696468	17.68693
	profit	10841	0.1059861	0.1876746	0.0000779	15.13838
	leverage	10841	0.3792859	0.1872166	0.008359	1.037263
	state	10841	0.0804354	0.2719786	0	1
	foreign	10841	0.5990222	0.4901191	0	1
行业特征	hhi	10841	0.1024883	0.0926928	0	1
	cicpratio	10841	7.016357	2.453161	- 8.764351	27.25805
	cicopen	10841	0.7472272	1.185901	0.0035837	15.80284
地区特征	lnpgdp	10841	4.443882	0.3014014	3.118022	4.83593
	dzycd	10841	0.9313371	1.564101	- 1.2425	5.3037

资料来源：笔者整理。

（二）企业生存与逆全球化关系散点图

图 7 - 3 反映了企业生存与逆全球化之间的相关性。由图 7 - 3 可知，

---

① 此处 roa 是为企业生存的代理变量。

随着逆全球化程度的不断加剧，企业绩效有所下降，但总体下降趋势较为缓和。因此，逆全球化是否是引起企业绩效变动，进而影响企业生存的原因？深层次的影响机制又是什么？对不同企业的影响是否具有异质性？对于上述问题，需要进一步的实证检验来回答。

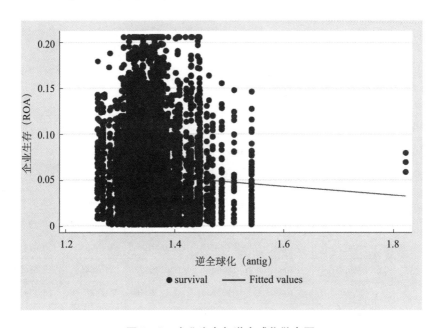

图 7 - 3 　企业生存与逆全球化散点图

资料来源：笔者绘制。

第四节　实证分析

一、逆全球化与企业生存：总效应检验

（一）基准回归

基于描述性统计分析，在式（7 - 1）通过加入控制变量进行逐步回归，探讨逆全球化对企业生存的影响。考虑到影响可能滞后，同时将滞后一期的逆全球化指标放入回归之中。基准模型回归结果见表 7 - 3。

表7-3   逆全球化对企业生存影响的基准回归结果

变量	(1) *survival*	(2) *survival*	(3) *survival*	(4) *survival*	(5) *survival*	(6) *survival*
antig	-0.0985** (-2.00)		-0.245* (0.42)	-0.0997** (-2.20)		-0.134** (0.25)
*antig_ lag*1		-0.102* (-2.04)	-0.349 (-0.59)		-0.102* (-2.22)	-0.238 (-0.43)
控制变量	未控制	未控制	未控制	控制	控制	控制
固定效应	YES	YES	YES	YES	YES	YES
N	9891	9891	9891	9891	9891	9891

注：各变量回归系数下方括号内数值为 z 值；*、**、***分别表示10%、5%、1%的显著性水平。

表7-3中，第（1）列和第（2）列为当期和滞后一期逆全球化对企业生存的回归结果，第（3）列为当期和滞后一期逆全球化同时对企业生存的回归结果，第（4）列和第（5）列为加入控制变量后，当期和滞后一期逆全球化对企业生存的回归结果，第（6）列为当期和滞后一期逆全球化同时对企业生存的回归结果。第（4）列表明，逆全球化在整体上显著抑制了企业生存，逆全球化程度每提高1%，企业生存可能将下降9.97%（假设 H1b 得证）。

（二）稳健性检验

1. 替换逆全球化衡量方式

为了考察基准回归结果的稳健性，接下来采用如下方法重新构造逆全球化指数，以检验基本回归是否稳健。（1）2014～2016 年使用企业层面 $kofgi_{firm}$ 指数，2017～2019 年使用行业层面 $kofgi_{cic}$ 指数来度量逆全球化指数。这是因为企业层面海关数据最新只能获得至 2016 年数据，因而 2014～2016 年可以据此计算企业层面 $kofgi_{firm}$ 指数，而 2017～2019 年只能计算行业层面 $kofgi_{cic}$ 指数。（2）考虑到逆全球化对企业生存的影响可能存在一定的时滞效应，对式（7-1）中的逆全球化指标取滞后一期和滞后两期，以观察其估计结果是否发生改变。（3）选取经济自由度指数（*efi*）来测度企业层面逆全球化指数，具体构造方法同 $kofgi_{firm}$ 指数。上述回归结果见表 7 - 4，结果表明，逆全球化（及其滞后项）均显著抑制企业生存，说明基准回归结果具有良好的稳健性。

表 7 - 4   逆全球化其他衡量指标回归结果

变量	（1）survival	（2）survival	（3）survival	（4）survival
antig	- 0. 0877 ** (- 2. 73)			
antig_ lag1		- 0. 102 *** (- 2. 22)		
antig_ lag2			- 0. 110 * (- 2. 37)	
efi				- 0. 116 *** (- 2. 76)
控制变量	控制	控制	控制	控制
固定效应	YES	YES	YES	YES
N	9891	9891	9891	9891

注：各变量回归系数下方括号内数值为 z 值；* 、** 、***代表在 10% 、5% 、1% 的水平下显著。

2. 考虑英国脱欧、中美贸易战等事件影响

2014～2019 年，发生了 2016 年英国公投脱欧、2018 年中美贸易摩擦等事件，这些事件带来的逆全球化对中国产生重大冲击。为此，根据"英国脱欧"将样本分为 2014～2016 年和 2017～2019 年；根据"中美贸易摩擦"将样本分为 2014～2018 年和 2019 年。

由表 7 - 5 可知，分样本之后逆全球化对企业生存的影响效应仍然显著为负，并且子样本 2007～2019 年、2019 年系数绝对值大于子样本 2014～2016 年、2014～2018 年，说明英国脱欧、美中贸易摩擦发生之后，逆全球化对企业生存的负向影响增大，也进一步证实企业生存受到各类逆全球化典型事件的负面冲击。

表7-5 逆全球化对企业生存影响分样本回归结果

变量	英国脱欧		美中贸易摩擦	
	(1) 2014~2016年	(2) 2017~2019年	(3) 2014~2018年	(4) 2019年
antig	-0.104* (-1.11)	-0.113** (-1.57)	-0.083* (-1.53)	-0.104*** (-2.05)
控制变量	控制	控制	控制	控制
固定效应	YES	YES	YES	YES
N	9891	9891	9891	9891

注：各变量回归系数下方括号内数值为 z 值； * 、 ** 、 ***代表在10%、5%、1%的水平下显著。

二、逆全球化、市场规模与企业生存

(一) 基准回归

本节继续采用传递效应模型，检验逆全球化（*antig*）是否通过市场规模（*market*）渠道影响企业生存（*survival*）。具体流程如下：第一步，利用式（7-2）识别市场规模与逆全球化之间的因果关系；第二步，利用式（7-3）识别市场规模与企业生存之间的因果关系。

若逆全球化的系数 a_1 与市场规模的系数 b_1 均显著，则说明逆全球化确实能够通过市场规模渠道间接影响企业生存。

表7-6第（1）列（对应表7-3第（4）列）为基准回归模型，以检验逆全球化与企业生存之间的关系，逆全球化指数对企业生存的估计系数结果为-0.0997，且通过了5%的显著性检验，即逆全球化对企业生存产生负面影响；第（2）列检验逆全球化与市场规模的关系，回归系数为-0.00137，且通过了5%的显著性检验，说明逆全球化显著降低了市场规模；第（3）列检验的是市场规模与企业生存之间的关系，估计系数结果为0.0208，且通过了1%的显著性检验，说明市场规模正向影响企业生存，

即市场规模对于企业生存至关重要。综合上述结果，可以判定，逆全球化通过市场规模渠道影响企业生存状况（假设 H2b、假设 H3 得证）。

表 7-6 逆全球化冲击企业生存的市场规模渠道回归结果

变量	（1）*survival*	（2）*market*	（3）*survival*
antig	-0.0997 ** (-2.20)	-0.00137 ** (-30.80)	
market			0.0208 *** (1.88)
控制变量	控制	控制	控制
固定效应	YES	YES	YES
N	9891	9891	9891

注：各变量回归系数下方括号内数值为 z 值；*、**、***代表在 10%、5%、1% 的水平下显著。

（二）稳健性检验：变换市场规模、逆全球化衡量方式

在基准回归中，采用上市公司营业收入对数值来衡量市场规模。接下来，使用企业收入对数值来衡量市场规模。其理由如下：企业收入由国内外两个市场取得，逆全球化背景下，国际市场肯定会受到冲击，由于出口和内销间存在互补/替代关系，因而国内市场也会受到波及，这些在企业销售额的变动上都能体现。

其回归结果见表 7-7，其中第（1）、第（3）、第（5）列显示，逆全球化对市场规模的估计系数都显著为负，说明逆全球化显著降低了市场规模；第（2）、第（4）、第（6）列显示，市场规模的系数显著为正，说明扩大市场规模可显著提升企业生存。

表 7-7 变换市场规模衡量指标回归结果

变量	仅变换 *market*		仅变换 *antig*		同时变换 *market*、*antig*	
	（1）*market*	（2）*survival*	（3）*market*	（4）*survival*	（5）*market*	（6）*survival*
antig	-0.00975 ** (0.50)		-0.00442 ** (10.36)		0.0448 ** (21.02)	

续表

变量	仅变换 *market*		仅变换 *antig*		同时变换 *market*、*antig*	
	（1）*market*	（2）*survival*	（3）*market*	（4）*survival*	（5）*market*	（6）*survival*
market		0.0348 ** （1.60）		0.0208 *** （1.88）		0.0348 *** （0.16）
控制变量	控制	控制	控制	控制	控制	控制
固定效应	YES	YES	YES	YES	YES	YES
N	9891	10841	9891	10841	9891	10841

注：各变量回归系数下方括号内数值为 z 值；＊、＊＊、＊＊＊代表在 10%、5%、1% 的水平下显著。

三、逆全球化、技术扩散与企业生存

（一）基准回归

本节检验逆全球化（*antig*）是否通过技术扩散（*tdiff*）渠道影响企业生存（*survival*）。第一步，利用式（7-4）识别逆全球化与技术扩散之间的因果关系；第二步，利用式（7-5）识别技术扩散与企业生存之间的因果关系。

若逆全球化的系数 c_1 与技术扩散的系数 d_1 均显著，说明逆全球化确实能够通过技术扩散渠道间接影响企业生存。

表 7-8 第（1）列为本书的基准回归模型，检验的是逆全球化与企业生存之间的关系；第（2）列是检验逆全球化和技术扩散的关系，影响系数为 -0.0321，在 10% 水平上显著，说明逆全球化显著降低了技术扩散程度；第（3）列检验的是技术扩散与企业生存之间的因果关系，估计系数结果为 0.0536，且通过了 1% 的显著性检验，即技术扩散效应可以提高企业技术水平，进而改善企业生存。综合上述结果，可以初步判定逆全球化通过技术扩散渠道对企业生存带来负向冲击（假设 H5b、假设 H6 得证）。

表 7 - 8   逆全球化冲击企业生存的技术扩散渠道回归结果

变量	（1）survival	（2）tdiff	（3）survival
antig	− 0.0997 ** （− 2.20）	− 0.0321 * （− 0.15）	
tdiff			0.0536 *** （3.70）
控制变量	控制	控制	控制
固定效应	YES	YES	YES
N	9891	9891	10841

注：各变量回归系数下方括号内数值为 z 值；＊ 、 ＊＊ 、 ＊＊＊代表在 10% 、 5% 、 1% 的水平下显著。

（二）稳健性检验：变换技术扩散的衡量方式

δ 进一步取值0、10% 、 15% 进行稳健性检验（具体回归结果见表 7 - 9）。其中，第（1）、第（3）、第（5）列显示，逆全球化对技术扩散的估计系数都显著为负，说明逆全球化显著降低了技术扩散；第（2）、第（4）、第（6）列显示，技术扩散的系数显著为正，说明技术扩散可显著提升企业生存。

表 7 - 9   变换技术扩散指标回归结果

变量	$\delta = 0$		$\delta = 10\%$		$\delta = 15\%$	
	（1）tdiff	（2）survival	（3）tdiff	（4）survival	（5）tdiff	（6）survival
antig	− 0.0554 ** （0.27）		− 0.0588 *** （0.28）		− 0.0521 * （0.25）	
tdiff		0.00526 *** （3.64）		0.00517 *** （3.59）		0.00510 *** （3.55）
控制变量	控制	控制	控制	控制	控制	控制
固定效应	YES	YES	YES	YES	YES	YES
N	9891	10841	9891	10841	9891	10841

注：各变量回归系数下方括号内数值为 z 值；＊ 、 ＊＊ 、 ＊＊＊代表在 10% 、 5% 、 1% 的水平下显著。

四、逆全球化、融资约束与企业生存

(一) 基准回归

本节检验逆全球化（$antig$）是否通过融资约束（fc）渠道影响企业生存（$survival$）。第一步，利用式（7-6）识别全球化与融资约束之间的因果关系；第二步，利用式（7-7）识别融资约束与企业生存之间的因果关系。

若逆全球化的系数 g_1 与融资约束的系数 h_1 均显著，说明逆全球化确实能够通过融资约束渠道间接影响企业生存。

表7-10第（1）列为本书的基准回归模型，检验的是逆全球化与企业生存之间的关系；第（2）列检验的是逆全球化和融资约束的关系，影响系数为0.0556，在5%水平上显著，说明逆全球化显著加剧了融资约束程度；第（3）列检验的是融资约束与企业生存之间的因果关系，估计系数结果为-0.680，且通过了1%的显著性检验，即融资约束恶化了企业生存状况。综合上述结果，可以初步判定，逆全球化会通过融资约束渠道影响企业生存（假设H8b、假设H9得证）。

表7-10　　　　　逆全球化冲击企业生存的融资约束渠道回归结果

变量	(1) $survival$	(2) fc	(3) $survival$
$antig$	-0.0997 ** (-2.20)	0.0556 ** (0.08)	
fc			-0.0680 *** (-101.48)
控制变量	控制	控制	控制
固定效应	YES	YES	YES
N	9891	9891	10841

注：各变量回归系数下方括号内数值为 z 值；*、**、***代表在10%、5%、1%的水平下显著。

（二）稳健性检验：变换融资约束衡量方式

基准回归使用 SA 指数来衡量融资约束，此处使用 KZ 指数、WW 指数进行稳健性检验。表 7 - 11 第（1）列和第（3）列显示，逆全球化对融资的估计系数都显著为正，说明逆全球化加剧了融资约束；第（2）列和第（4）列显示，融资约束的系数显著为负，说明融资约束恶化了企业生存。

表 7 - 11   变换融资约束指标回归结果

变量	KZ 指数		WW 指数	
	（1）fc	（2）survival	（3）fc	（4）survival
antig	0.687 ** (1.25)		0.44 * (－1.71)	
fc		－0.0114 *** (－15.03)		－0.00865 *** (5.52)
控制变量	控制	控制	控制	控制
固定效应	YES	YES	YES	YES
N	9891	10841	9891	10841

注：各变量回归系数下方括号内数值为 z 值；* 、** 、*** 代表在 10% 、5% 、1% 的水平下显著。

五、异质性分析

由于企业自身特质，在面对逆全球化冲击时，其表现可能不同。为了更加丰富地呈现逆全球化冲击企业生存的差异，笔者基于上市公司的个体差异、区域差异分析逆全球化抑制企业生存的异质性。

（一）企业年龄

由表 7 - 12 的估计结果可知，新老两类企业回归系数均为符合预期，逆全球化均显著削弱了上市公司企业生存；市场规模、技术扩散、融资约束的渠道效应均显著存在。进一步观察各组回归系数，存在显著差异，说明逆全球化通过上述传导路径对企业生存的影响在不同年龄企业间存在异质性。

表 7 – 12　　　　　　　逆全球化冲击的渠道效应在不同年龄组回归结果

新成立企业	(1) market	(2) tdiff	(3) fc	(4) survival		
antig	− 0. 0124 *** (− 3. 6)	− 0. 362 *** (0. 88)	0. 366 * (0. 40)			
market				0. 0995 * (9. 15)		
tdiff					0. 00151 ** (1. 74)	
fc						− 0. 00947 *** (− 16. 24)
老企业	(5) market	(6) tdiff	(7) fc	(8) survival		
antig	− 0. 0209 ** (− 4. 4)	− 0. 223 *** (0. 91)	0. 501 ** (0. 56)			
market				0. 0370 * (2. 56)		
tdiff					0. 00756 *** (3. 85)	
fc						− 0. 00537 *** (− 7. 24)
控制变量	控制	控制	控制	控制	控制	控制
固定效应	YES	YES	YES	YES	YES	YES

注：各变量回归系数下方括号内数值为 z 值；*、**、***代表在 10%、5%、1% 的水平下显著。

（二）企业所有权分类

1. 国有企业与非国有企业

由表 7 – 13 回归结果可知，逆全球化均显著削弱了上市公司企业生存。国有企业的受影响程度要小于非国有企业。产生上述现象产生的原因在于，国有企业一般会有政府扶持，在国内占据了较大市场份额，受到的冲击较小；而非国有企业通常享受不到政府扶持，相对而言受到的冲击会更大。

表 7 – 13　　　　逆全球化冲击的渠道效应在国有、非国有企业组回归结果

国有企业	(1) market	(2) tdiff	(3) fc	(4) survival		
antig	– 0.000522 *** (– 0.03)	– 0.582 * (0.74)	1.428 (– 0.48)			
market				0.0154 ** (1.11)		
tdiff					0.000292 (0.21)	
fc						– 0.00488 *** (– 9.61)
非国有企业	(5) market	(6) tdiff	(7) fc	(8) survival		
antig	– 0.001409 ** (– 3.9)	– 0.987 *** (4.5)	0.0197 ** (0.03)			
market				0.0239 * (1.96)		
tdiff					0.00601 *** (3.82)	
fc						– 0.00718 *** (– 10.94)
控制变量	控制	控制	控制	控制	控制	控制
固定效应	YES	YES	YES	YES	YES	YES

注：各变量回归系数下方括号内数值为 z 值；* 、** 、***代表在 10% 、5% 、1% 的水平下显著。

2. 外资企业与非外资企业

由表 7 – 14 中估计结果可知，逆全球化均显著削弱了上市公司企业生存，对非外资企业的影响更大。由于外资企业是"外来户"，与本土经济"羁绊"不强，逆全球化浪潮涌起，会加速"撤资"或转移投资方向。

表 7 - 14　　　逆全球化冲击的渠道效应在外资、非外资企业组回归结果

外资企业	(1) market	(2) tdiff	(3) fc	(4) survival		
antig	-0.000278 *** (-0.71)	-0.214 * (0.72)	0.191 (0.21)			
market				0.0471 *** (7.11)		
tdiff					0.000154 (-0.24)	
fc						-0.00437 *** (-15.29)
非外资企业	(5) market	(6) tdiff	(7) fc	(8) survival		
antig	-0.001409 ** (-3.9)	-0.987 *** (4.5)	0.320 ** (0.30)			
market				0.0239 * (1.96)		
tdiff					0.00601 *** (3.82)	
fc						-0.00708 *** (-5.49)
控制变量	控制	控制	控制	控制	控制	控制
固定效应	YES	YES	YES	YES	YES	YES

注：各变量回归系数下方括号内数值为 z 值；*、**、***代表在 10%、5%、1%的水平下显著。

(三) 区域异质性

当前中国区域经济梯度发展格局使得逆全球化对企业生存的影响可能存在区域异质性。并且，上市公司地域分布极不平衡①，因而有必要对东部、中部、西部地区样本进行分组估计，用于进一步考察逆全球化对于不

---

① 2014~2019 年上市公司样本累积 10841 条记录，其中东部地区 7640 条，占比 70.5%；中部地区 1805 条，占比 16.6%；西部地区 1396 条，占比 12.9%。

同地区企业生存的影响。

表 7 – 15 回归结果显示，就东部、中部、西部地区而言，逆全球化对不同地区企业生存的影响存在显著差异，并且通过市场规模、技术扩散、融资约束渠道的影响也不尽相同。总体来看，对于东部地区的影响明显要高于中部、西部地区。

表 7 – 15　　　　逆全球化冲击的渠道效应在不同区域组回归结果

东部	（1）market	（2）tdiff	（3）fc	（4）survival	
antig	– 0.000160 ** （ – 0.39）	– 0.0831 * （0.34）	0.231 *** （0.29）		
market				0.0484 *** （9.62）	
tdiff				0.000555 * （ – 0.93）	
fc					– 0.00384 *** （ – 14.10）
中部	（5）market	（6）tdiff	（7）fc	（8）survival	
antig	– 0.000573 ** （ – 0.52）	– 0.486 *** （0.84）	0.701 * （0.36）		
market				0.0335 ** （3.29）	
tdiff				0.00116 *** （0.94）	
fc					– 0.00331 *** （ – 7.01）
西部	（9）market	（10）tdiff	（11）fc	（12）survival	
antig	– 0.000791 ** （ – 0.82）	– 1.093 （1.96）	0.207 （0.19）		
market				0.199 ** （2.61）	
tdiff				0.0437 *** （3.14）	

续表

西部	(9) market	(10) tdiff	(11) fc	(12) survival		
fc						-0.0119 *** (-3.07)
控制变量	控制	控制	控制	控制	控制	控制
固定效应	YES	YES	YES	YES	YES	YES

注：各变量回归系数下方括号内数值为 z 值；*、**、***代表在 10%、5%、1%的水平下显著。

（四）行业异质性

由第三章论述可知，金属制品工业、化学原料和制品行业、纺织工业、非金属制品工业、钢铁工业、电气工业、造纸工业、食品、橡胶制品工业、通用设备为我国遭受贸易救济前 10 位行业。面对国外的贸易制裁，上述行业内的企业面临外部环境恶化，可能对其生存造成负面影响。由表 7－16 回归结果可知，贸易救济等保护措施，确实对企业生存造成较大的影响，并通过影响市场规模、技术扩散、融资约束渠道发挥作用。

表 7－16　　　逆全球化冲击在遭受不同强度贸易救济行业回归结果

遭受贸易救济 前 10 位行业	(1) market	(2) tdiff	(3) fc	(4) survival
antig	-0.000395 *** (-0.73)	-0.714 * (2.47)	0.0558 *** (0.06)	
market				0.00270 ** (0.36)
tdiff				0.000467 * (-0.40)
fc				-0.00658 *** (-17.30)
其他行业	(5) market	(6) tdiff	(7) fc	(8) survival
antig	-0.000212 ** (-0.37)	-0.437 *** (1.64)	0.0329 * (0.02)	

续表

其他行业	（5）*market*	（6）*tdiff*	（7）*fc*	（8）*survival*		
market				0. 0793 *** (4. 53)		
tdiff					0. 00737 *** (3. 59)	
fc						− 0. 00389 *** (− 4. 17)
控制变量	控制	控制	控制	控制	控制	控制
固定效应	YES	YES	YES	YES	YES	YES

注：各变量回归系数下方括号内数值为 z 值；＊、＊＊、＊＊＊代表在 10%、5%、1% 的水平下显著。

六、进一步拓展：调节效应分析

（一）市场规模与企业生存：市场一体化的调节

前文的理论与实证部分证实了市场一体化在市场规模与企业生存之间的调节作用。本部分利用上市公司数据，仍然得到相同结论。

从表 7 – 17 第（1）列可以看到，交叉项 *market × integ* 为负，并且通过 5% 水平的显著性检验，表明产品市场一体化程度越高的地区，市场规模对企业生存的促进作用就越大，即产品市场一体化强化市场规模对企业市场存活的改善作用。产品市场一体化（*integ*）的估计系数也显著为负，表明在产品市场一体化程度越高的地区，企业的平均持续经营时间就越长。从表 7 – 17 第（2）列可以看到，交叉项 *market × integ* 为负，并且通过 1% 水平的显著性检验，表明要素市场一体化程度越高的地区，市场规模对企业生存的促进作用就越大，即要素市场一体化强化市场规模对企业市场存活的改善作用。要素市场一体化（*integ*）的估计系数也显著为负，表明要素在产品市场一体化程度高的地区，企业生存显著改善。

表 7 - 17　　　　　市场一体化调节逆全球化的市场规模渠道回归结果

变量	integ = 产品市场	integ = 要素市场
	(1) survival	(2) survival
market	0. 0206 ***	0. 0215 ***
	(- 1. 75)	(1. 92)
integ	0. 00013 *	0. 000117 ***
	(0. 47)	(- 0. 40)
market × integ	0. 00289 *	0. 000112 **
	(- 5. 0)	(0. 81)
控制变量	控制	控制
固定效应	YES	YES
N	10841	10841

注: 各变量回归系数下方括号内数值为 z 值; * 、 ** 、 *** 代表在 10% 、5% 、1% 的水平下显著。

综合以上分析, 不论是用 "产品市场分割指数" 还是 "要素市场分割指数" 来度量市场一体化, 结果均支持以下结论: 在市场一体化程度高的地区, 市场规模对企业生存的平均促进作用就越大, 即市场一体化增强市场规模对企业生存的促进作用 (假设 H4 得证)。进而, 逆全球化通过市场规模渠道影响企业生存的负面影响能够得到一定程度的缓解。

(二) 技术扩散与企业生存: 企业创新的调节

前文的理论与实证部分证实了企业创新在技术扩散与企业生存之间的调节作用。本部分利用上市公司数据, 证实上述结论仍然成立。

从表 7 - 18 可以看到, 交叉项 $tdiff × creative$ 为负, 并且通过 1% 水平的显著性检验, 表明企业创新能力越强, 技术扩散对企业生存的促进作用就越大, 即企业创新进一步强化技术扩散对企业生存的改善作用。企业创新 ($creative$) 的估计系数也显著为负, 表明企业创新能力强, 积极从事研发创新活动, 从而可以树立和保持竞争优势, 进而延长生存时间 (假设 H7 得证)。可见, 逆全球化通过技术扩散渠道影响企业生存的负面影响能够得到一定程度的缓解。

表 7 – 18　　　　企业创新调节逆全球化的技术扩散渠道回归结果

变量	survival
tdiff	0.00533 *** (3.67)
creative	0.000475 ** (0.39)
tdiff × creative	0.00291 ** (0.39)
控制变量	控制
固定效应	YES
N	10841

注：各变量回归系数下方括号内数值为 z 值；＊、＊＊、＊＊＊代表在10%、5%、1%的水平下显著。

（三）融资约束与企业生存：金融发展水平的调节

前文理论与实证部分利用中国工业企业数据库，证实金融发展水平在融资约束与企业生存之间的调节作用。本部分利用上市公司数据，仍然得到相同结论。

从表7 – 19可以看到，交叉项 $fc \times fd$ 为正并且通过5%水平的显著性检验，表明金融发展水平越高，融资约束对企业生存的负面影响越小，即较高的金融发展部分缓解了融资约束对企业生存的负面影响。另外，金融发展水平（ fd ）的估计系数也显著为正，表明金融发展水平的提高，有助于延长企业生存时间（假设H10得证）。可见，逆全球化通过融资约束渠道影响企业生存的负面影响能够得到一定程度的缓解。

表 7 – 19　　　　金融发展调节逆全球化的融资约束渠道回归结果

变量	survival
fc	– 0.00470 *** (3.67)
fd	0.00782 *** (0.75)

续表

变量	*survival*
$fc \times fd$	0.002 ^{**} (1.09)
控制变量	控制
固定效应	YES
N	10841

注：各变量回归系数下方括号内数值为 z 值；＊、＊＊、＊＊＊代表在 10%、5%、1% 的水平下显著。

第五节　本章小结

一、逆全球化与企业生存的关系

通过对式（7-1）的基准回归发现，逆全球化在整体上显著抑制了企业生存，逆全球化程度每提高 1%，企业生存将下降 9.97%。逆全球化背景下，各国纷纷实施贸易保护，通过关税和非关税壁垒，恶化了企业外部营商环境，负面影响企业生存。因此，全球化进程中，不能忽视逆全球化浪潮对企业生存的负面冲击。

二、逆全球化经由市场规模渠道抑制企业生存

实证结果表明，市场规模是影响企业生存的重要变量，市场规模缩小可能抑制企业生存（Krugman，1980；卞元超和白俊红，2020）。在逆全球化冲击企业生存过程中，市场规模同样扮演渠道角色。逆全球化对企业生存的影响，可以通过降低市场规模进而造成企业经营状况恶化这一途径实现，即逆全球化影响市场规模，市场规模又影响企业生存。市场规模是重要的影响机制，既体现与逆全球化的因果关系（逆全球化对市场规模的影

响系数为 -0.00137^{**}），又反映出与企业生存的因果关系（市场规模对企业生存的影响系数为 0.0208^{***}）。

市场一体化在市场规模与企业生存的关系中发挥正向调节作用，即市场一体化程度越高，市场规模对企业生存的影响作用就越大。

三、逆全球化经由技术扩散渠道负向影响企业生存

在自主创新之外，发展中国家主要通过从国外引入先进技术，并利用自身吸收能力将新知识转化为自身知识，从而提高创新绩效（罗琼，2016）。在逆全球化对企业生存带来负面影响的过程中，技术扩散扮演着非常重要的角色。逆全球化对企业生存的影响，亦可通过降低技术扩散进而造成企业技术升级受阻这一间接途径实现，即逆全球化影响技术扩散，技术扩散又影响企业生存。技术扩散是重要的传导路径，既体现与逆全球化的关系（逆全球化对技术扩散的影响系数为 -0.0321^{*}），又反映出与企业生存的关系（技术扩散对企业生存的影响系数为 0.0536^{***}）。

进一步拓展研究证实，企业创新调节了技术扩散对企业生存的影响，即对技术扩散影响企业生存的过程具有正向调节作用。具体来看，企业创新程度越高，在获取技术扩散时可事半功倍、从而使得其对企业生存的正向影响具有"加速"效应，即企业创新程度高，技术扩散对企业生存的正向影响会随着增强。

四、逆全球化经由融资约束渠道恶化企业生存

融资约束是影响企业生存的重要因素。而企业积极参与国际事务，可通过进出口贸易、FDI、OFDI 行为，在一定程度上缓解企业自身融资约束。而一旦全球化发生逆转，上述效应可能大打折扣。在逆全球化对企业生存带来负面影响的过程中，融资约束是重要的传导途径。逆全球化对企业生存的影响，亦可通过加剧融资约束进而造成企业融资难这一间接途径实现，即逆全球化影响融资约束，融资约束又影响企业生存。融资约束发

挥重要作用，既体现与逆全球化的关系（逆全球化对融资约束的影响系数为 0.0556**），又反映出与企业生存的关系（融资约束对企业生存的影响系数为 −0.0680***）。

进一步的拓展研究证实，金融发展水平可以调节融资约束对企业生存的影响。具体来看，金融发展水平越高，企业就比较容易以较低成本获取外部融资，从而有效缓解融资约束，改善生存状况。

综上所述，本章通过构建固定效应模型和传递效应模型，比较深入地揭示了逆全球化对企业生存的作用机理，既阐明了逆全球化对企业生存的直接影响，又揭示逆全球化通过市场规模、技术扩散以及融资约束渠道影响企业生存。通过进一步拓展分析，揭示了市场一体化、创新和金融发展水平在上述影响过程中分别发挥调节作用。

笔者通过研究逆全球化对企业生存的影响，推及逆全球化对企业生存的负面影响[①]，进而也间接证实了全球化对企业影响总体来说利大于弊，说明全球化趋势不可逆转。并且，国内市场一体化程度提高、企业加强自主创新能力时，市场规模、技术扩散对企业生存的影响作用将会增强，金融发展水平则有效缓解了融资约束的负面影响。这既为实施双循环战略和创新战略的有效性提供学术佐证，又为后续的政策建议提供抓手。

---

① 大量研究证实，企业利润/绩效对于企业生存有显著影响，利润率高、绩效好的企业持续经营的时期就越长（许家云和毛其淋，2016；陈勇兵等，2017；卞元超和白俊红，2021）。

 **第八章**

研究结论、政策启示与展望

如何进一步优化企业营商环境、提高企业的可持续发展能力，是促进中国经济高质量发展的必然要求。本书以企业生存为落脚点，选取 2000～2013 年工业企业数据和 2014～2019 年上市公司数据为样本，从微观视角探讨全球化影响企业生存的传导机制和影响效果，并从国家治理层面提出相应的政策建议和下一步的研究方向，以期为降低企业生存风险，实现经济高质量发展提供政策启示和经验证据。

第一节　研究结论

自加入 WTO 以来，中国迈入了全新的发展阶段，与全球经济的融合日益加深，各种产品、要素在国际间的流动显著增强。本书利用中国工业企业数据和上市公司数据、KOF 全球化指数、海关数据、企业创新数据，从微观层面检验全球化对中国企业生存和经营活动带来的影响以及逆全球化的冲击。研究结果表明，全球化显著降低了中国企业生存风险，而 2016 年出现的逆全球化浪潮对企业生存造成负面冲击；市场规模、技术扩散及融资约束是全球化/逆全球化对企业生存发挥作用的重要传导路径。在此过程中，市场一体化、企业创新和金融发展水平发挥部分调节作用。具体而言，市场一体化增强市场规模渠道对企业生存的改善作用，创新则增强技术扩散渠道对企业生存的改善作用，而金融发展水平则缓解了融资约束对企业生存的负面影响。本书研究结论具体如下。

一、全球化有助于改善企业生存状况

（一）全球化整体上显著降低企业生存风险，总体效果存在异质性

全球化对企业生存整体影响表现为：全球化显著降低了企业生存风险，全球化程度每提高1%，企业生存风险将降低0.817%。在全球化背景下，各国纷纷扩大对外交往，产品、要素的国际流动显著增强，改善了企业生存环境，降低了企业生存风险。

从分样本结果来看，全球化对企业生存的影响效应存在显著异质性：全球化对新成立企业生存的影响效应要大于非新成立企业；大企业受影响程度要小于中小企业；全球化对非国有企业和外资企业生存的影响要大于国有企业、非外资企业；全球化对企业生存的影响效应主要存在于东部地区、沿海地区，而中西部及东北地区、内陆地区的企业受影响程度并不显著。

（二）全球化通过市场规模渠道影响企业生存

实证结果表明，市场规模是影响企业生存的重要变量，市场规模的扩大可以有效改善企业生存状况（Krugman，1980；卞元超和白俊红，2020）。在全球化对企业生存带来正面影响的过程中，市场规模是重要的影响渠道。全球化对企业生存的影响，一方面对企业生存产生直接影响，另一方面亦可通过扩大市场规模进而改善企业生存状况，即全球化可以通过市场规模渠道影响企业生存。在此，市场规模是重要的影响机制，既体现出与全球化的因果关系（全球化对市场规模的影响系数为0.143***），又反映出与企业生存的因果关系（市场规模对企业生存的影响系数为−0.0267***）。

市场一体化发挥调节作用，即市场一体化程度越高，市场规模对企业生存的促进作用就越大。

（三）全球化通过技术扩散渠道影响企业生存

在全球化对改善企业生存状况的过程中，技术扩散是市场规模之外的另一条重要的影响路径。实证结果表明，技术扩散与企业生存间存在因果关系，技术扩散程度的提高可能有效改善企业生存状况。全球化对企业生存的影响，一方面直接影响企业生存，另一方面可以通过技术扩散渠道影响企业生存。在此，技术扩散是重要的影响机制，既体现出与全球化的因果关系（全球化对技术扩散的影响系数为 0.0291[***]），又反映出与企业生存的因果关系（技术扩散对企业生存的影响系数为 −0.0578[***]）。

与此同时，创新发挥着调节作用。积极创新的企业，技术扩散对其生存的改善程度更高，即创新程度高的企业在获取技术扩散时对企业生存具有"加速"效应，即企业创新程度越高，技术扩散对企业生存的正向影响就越强。

（四）全球化通过融资约束渠道影响企业生存

融资约束亦是全球化影响企业生存的渠道。实证结果表明，融资约束与企业生存间存在因果关系，融资约束的加剧将恶化企业生存状况。全球化对企业生存的影响，一方面直接影响企业生存，另一方面可以通过融资约束渠道影响企业生存。在此，融资约束是重要传导路径，既体现出与全球化的因果关系（全球化对融资约束的影响系数为 −0.00282[***]），又反映出与企业生存的因果关系（融资约束对企业生存的影响系数为 0.0588[***]）。

进一步拓展研究证实，金融发展水平可以调节融资约束对企业生存的影响。具体来看，金融发展水平越高，企业比较容易获取外部融资，从而有效缓解融资约束，改善生存状况。

二、逆全球化对企业生存产生负面冲击

（一）逆全球化显著抑制了企业生存，总体影响存在异质性

逆全球化在整体上显著抑制了企业生存，逆全球化程度每提高 1%，

企业生存将下降9.97%。逆全球化浪潮涌动，各国纷纷通过关税和非关税壁垒实施贸易保护，恶化了企业外部营商环境，冲击了企业生存。因此，全球化进程中，不能忽视逆全球化对企业生存的负面冲击。

（二）逆全球化通过市场规模渠道冲击企业生存

实证结果表明，逆全球化对企业生存的影响，可以通过降低市场规模进而造成企业经营状况恶化这一途径实现，即逆全球化影响市场规模，市场规模又影响企业生存。市场规模是重要的影响机制，既体现出与逆全球化的因果关系（逆全球化对市场规模的影响系数为 -0.00137^{**}），又反映出与企业生存的因果关系（市场规模对企业生存的影响系数为 0.0208^{***}）。

（三）逆全球化通过技术扩散渠道冲击企业生存

在自主创新之外，我国企业主要通过从国外引入先进技术，并利用自身吸收能力将新知识转化为自身知识，从而提高创新绩效（罗琼，2016）。在逆全球化对企业生存带来负面影响的过程中，技术扩散无疑扮演着非常重要的角色。逆全球化对企业生存的影响，亦可通过降低技术扩散进而造成企业技术升级受阻这一间接途径实现，即逆全球化影响技术扩散，技术扩散又影响企业生存。技术扩散是重要的传导路径，既体现出与逆全球化的关系（逆全球化对技术扩散的影响系数为 -0.0321^{*}），又反映出与企业生存的关系（技术扩散对企业生存的影响系数为 0.0536^{***}）。

（四）逆全球化通过融资约束渠道冲击企业生存

融资约束是影响企业生存的重要因素，企业积极参与国际事务，可通过进出口贸易、FDI、OFDI 行为，在一定程度上缓解企业自身融资约束。而一旦全球化发生逆转，上述效应可能大打折扣。在逆全球化对企业生存带来负面影响的过程中，融资约束是重要的传导途径。逆全球化对企业生存的影响，亦可通过加剧融资约束进而造成企业融资难这一间接途径实现，即逆全球化影响融资约束，融资约束又影响企业生存。在此，融资约束发挥重要作用，既体现与逆全球化的关系（逆全球化对融资约束的影响系数为 0.0556**），又反映出与企业生存的关系（融资约束对企业生存的影响系数为 −0.0680***）。

综上所述，全球化可以改善企业生存状况，而逆全球化则明显抑制了企业生存，进而恶化企业生存状况。在全球化、逆全球化对企业生存影响过程中，市场规模、技术扩散及融资约束渠道是重要的影响机制，并且市场一体化、企业创新以及金融发展水平能够发挥调节作用。

第二节　政策启示

近年来，随着新冠疫情的持续蔓延，全球经济复苏乏力，贸易保护主义抬头并不断升温，逆全球化思潮持续发酵，全球产业链呈现内顾化倾向，国际贸易环境恶劣，全球化发展的基础遭到严重破坏。世界正经历百年未有之大变局，但和平与发展仍然是主线。从历史发展角度来看，逆全球化只是一种阶段性现象。长远来看，各国分工协作、互利互惠是长期趋势。中国将立足新发展阶段、贯彻新发展理念，坚持高水平对外开放，通过深化供给侧改革，充分利用国内市场优势，畅通国内大循环；加快推进自主创新，促进制造业转型升级；持续改善营商环境，降低制度性交易成本；完善金融市场体系，提高金融发展水平；以"一带一路"为契机，加强国际经贸合作，积极构建双循环新发展格局，打造互利共赢、安全高效的开放型经济体系。

一、深化供给侧改革，畅通国内大循环

为提升国内循环效率，应适度进行政策倾斜，创造新需求来吸纳"过剩"产能①，持续推进供给侧性改革。

---

① 正如蔡昉（2020）所述，中国经济要想保持长期可持续增长，既要从供给侧入手提高潜在增长率，也要从需求侧着眼使需求因素符合潜在增长率的要求。因为，产能过剩往往是相对而言的，其受制于技术、制度、环境等要素。一旦上述要素发生变化，供给与需求会相应发生变化。

首先，继续增强中国经济发展的韧性。应确立市场主体地位，完善要素市场化配置机制，倒逼不合理、不合规政策措施退出市场；提高资本、劳动力、技术等要素投入的素质，推动供给质量和效益同步飞跃，促进全要素生产率提升。依托巨大的国内市场，充分挖掘内需潜能，在产品种类、质量等方面实现多元、个性与定制等方面的改造升级，以满足人民群众对美好生活的追求；加快以5G、人工智能等信息网络为基础的新型基础设施建设，夯实"四新"经济发展基础，推动新产业、新业态、新模式、新技术的发展，提升供给品质，为供给注入新动能。

其次，清除市场准入壁垒，持续深化国有企业改革，优化民营经济营商环境。一是厘清政企关系，进一步加大简政放权力度，清除市场准入壁垒。按照《市场准入负面清单（2022年版）》规定，清单之外不得另设门槛和隐性限制的要求，切实履行政府监管责任，及时发现并解决市场准入不合理限制及隐性壁垒问题，确保"一单尽列、单外无单"，健全市场准入效能评估指标体系，持续扩大市场准入。二是在政策适度倾斜的基础上，促进国有企业与民营企业融合发展，提高企业的竞争能力、生存能力。与国企相比，民营企业在资金、人才、抗风险能力等方面存在诸多差距，尤其是在当前经济增速放缓、市场预期低迷的背景下，民营企业更是举步维艰，面临生存困境。因此，国家应继续加大对民营企业的财税、金融支持政策，激发企业技术创新和升级转型。另外，通过健全国有企业与民营企业融合互动机制，加强产权制度建设等措施，进一步提升企业整体核心竞争力，进而提高企业生存能力与生存质量。

最后，加快落实建设"统一大市场"，为双循环战略实施提供制度保障和软件支持。党的十八大以来，我国市场体系建设取得了巨大成就，尤其是基础设施"硬件"层面。然而，与统一大市场建设相关的制度建设尚存不足，难以适应社会主义市场经济体制的现实要求。为加快建立全国统一大市场，需将"强化市场基础制度规则统一"作为首要任务，进一步建立健全统一的产权保护制度、统一的市场准入制度、统一的公平竞争制度和统一的社会信用制度，破除要素市场分割和多轨运行现状，深化发展要素市场化配置改革，加快实现全国统一的制度建设。

二、坚持自主创新，加快制造业转型升级

制造业是立国之本、强国之基，从根本上决定了一国的综合实力和国际竞争力。近年来，我国综合实力不断增强，国内生产总值稳居世界第二位，截至 2021 年，我国已连续 12 年保持世界第一制造大国地位。然而，在制造业总体规模不断扩大的同时，制造业结构呈现出"全而不优、大而不强"的局面。而且，伴随着全球价值链的重构，我国制造业逐步丧失比较优势，部分低端或劳动密集型制造业逐步向东南亚地区转移。因此，我国在保留核心制造环节的同时，必须同步创造或创新出新的制造业，以避免出现制造业"空心化"。实施制造强国战略、推动制造业高质量发展，将是我国当前乃至未来很长一段时间的重大战略任务。

首先，坚持创新驱动发展战略，科学提升制造业自主创新能力，促进制造业高质量发展。要以国家创新驱动引领，推动宏观政策出台落地；围绕产业链布局创新链，加快各级各类创新平台建设；尊重创新人才培养规律，培育高素质创新人才；完善市场主体的创新机制，加强关键核心技术攻关，解决"卡脖子"难题；推动国内制造企业向上下游两端延伸，降低对欧美等国的依赖程度。

其次，加大资金投入，大力扶持技术创新、基础创新与工艺创新等领域，积极推动企业自主创新，使得企业"有意愿创新""有条件创新"。

最后，创新不是闭门造车，需加快构建开放型创新格局。伴随全球化进程的不断深入，创新资源在全球范围内加速流动，各国经济、技术联系日益密切，相互依赖不断增强，没有哪个国家单单凭借自身就可以进行创新活动。因此，在坚持自主创新的同时，坚决杜绝"闭门造车"，坚持技术"引进来"和"走出去"并举，以加强科技创新为目标的国家交流合作为抓手，积极主动地融入全球创新生态系统；有效利用全球创新资源，提高我国创新质效；积极参与全球创新治理，共同应对全球挑战。

三、持续改善营商环境，激发市场活力

优化营商环境，是激发市场活力、提升企业生存能力的重要举措。要想实现双循环发展格局，必须让市场机制发挥资源配置的主体作用，持续改善市场化、法治化、国际化的营商环境。

首先，继续推进减税降费政策，规范涉企收费，提振市场主体信心，帮助企业纾困。近年来，我国中小微企业在国民经济中发挥重要作用[①]，但内外交困下，中小微企业发展面临较大困境。国家推行的减税降费政策，为减轻市场主体负担，稳住经济发展大盘提供了有力的支撑。未来应进一步加大组合式税费支持政策，灵活运用税率式优惠和税基式优惠、减免退税与缓缴税费政策、普惠政策与特定专项帮扶措施等多种政策形式，依托税收大数据和"非接触式"办税缴费措施助力减税降费落地见效，为企业"补血""送暖""蓄力"，进一步提升市场主体获得感。除此之外，应进一步规范涉企收费，切实减轻市场主体经营成本。严格规范政府收费和罚款、市政公用服务价外收费、行业协会商会收费等，加大对涉企收费的监督检查力度，坚决杜绝对企业乱收费乱罚款行为。

其次，进一步优化涉企服务，加强公正监管，降低市场主体交易成本。一是依托全国一体化政务服务平台，建立健全市场主体全生命周期服务体系，综合运用现代化服务技术和手段，提升线下"一窗综办"和线上"一网通办"效率和水平。二是加强市场公正监管，切实保护企业合法权益。切实推行跨部门联合"双随机、一公开"监管，实施信用分级分类监管制度，规范监管执法行为，保障市场主体合法权益，维护公平竞争环境。

最后，优化对外贸易流程，推进对外贸易创新发展。通过设立自由贸易区（港）等举措，有效发挥市场配置资源的主体地位，进一步降低政府直接干预，优化跨境贸易流程，提高行政效率。具体而言，应提高贸易便

[①] 邹国伟和杜林（2021）的研究显示，中小微企业吸纳了近80%的就业，贡献了约70%的营业收入。

利化水平，包括适时削减关税、降低贸易壁垒，优化流通环节，降低物流成本；打通贸易通道，推动便捷快速通关，保障货物"出得去""进得来"；进一步加大对外贸易的货币政策支持力度，创新金融外贸产品，鼓励进出口信用交易。

四、完善金融市场体系，提高金融发展水平

当前中国金融市场不够健全、金融发展水平滞后，各类金融工具及金融产品品种稀、数量少，投资渠道单一。上述因素导致优质资产长期面临短缺，企业融资约束加剧。

首先，应建立和健全多层次资本市场体系，重点推动股票市场发展，发展并规范债券市场，完善保险市场，稳步扩大期货及衍生品市场；鼓励金融创新，丰富金融市场层次与产品，拓宽企业直接融资渠道。

其次，在加强监管的前提下扩大金融业开放，支持符合条件的民间资本设立中小型商业银行等金融机构①，激发民间投资意愿，聚集更多社会闲散资金，从而为制造业等实体经济提供必要资金供给，尤其是缓解部分基层地区和小微企业的融资约束。

再次，持续推进供给侧改革，加速过剩行业的优胜劣汰，让更多的优质企业和资产进入资本市场。一方面，满足投资者对优质资产的需求，拓宽投资渠道，从而缓解资金短缺难题；另一方面，增加高质量的融资渠道，提振投资者信心，从而保障长期资本的稳定供给。

最后，发展普惠金融，以扩大内需、提振消费、助力双循环战略。创新金融产品和服务，提供多元化、持续性的数字金融产品和服务。在供给端，普惠金融通过缓解融资约束、助力企业进行新产品开发、对接消费升级，为消费者提供更多更好的商品和服务，以满足人民日益增长的美好生活需求；在消费端，持续提供个性化金融产品和服务以及更多优惠福利，

---

① 2012 年，银监会为贯彻落实《国务院关于鼓励和引导民间投资健康发展的若干意见》，发布了《关于鼓励和引导民间资本进入银行业的实施意见》，鼓励和引导民间资本进入银行业，加强对民间投资的融资支持。

增加居民"投资性需求"、降低"预防性需求"，缓解居民消费的流动性约束，释放居民消费意愿，进而满足居民多样性消费需求，有力拉动内需消费。

五、加强国际合作，深度参与国际经贸规则制定

当前，中国已经深度融入世界经贸体系，并由被动接收国际规则逐步转向主动参与制定，积极提升话语权。

首先，继续推动全面对外开放，加强与世界经济深度融合。一方面，尽快转变外贸模式，推动由"数量竞争"转向"质量竞争"；优化出口产品结构，提升自主品牌产品影响力，提高外贸产品质量和效益；逐步减少出口高能耗、高污染产品；要优化贸易模式，做强一般贸易、提升加工贸易、兼顾其他贸易，把重点放在提升产品的技术含量和附加值，向微笑曲线两端延伸；大力发展服务贸易尤其是新兴数字贸易，不断提升服务贸易的层次和水平，占领战略制高点和规则制定主导权。另一方面，积极有效地利用外资，着力提高利用外资质量。坚持利用外资不动摇，利用新一轮国际产业结构调整的契机，结合国内产业结构升级和经济发展需要，引进高技术含量、高附加值、低能耗、低污染的项目，重点关注国内急需的能源、重要原材料、关键技术和重大设备的进口。与此同时，不能忽略先进技术、管理经验、高端人才的引进。

其次，坚持扩大开放，推动合作共赢。以推动构建人类命运共同体为指导，坚持合作共赢原则，以经济合作框架和协议谈判为手段，立足于国内优势和特色行业，制定"扬长避短""优势互补"的合作框架。同时继续推进"一带一路"战略，深化与新兴市场国家经贸合作，保障国际产业链顺畅，树立区域贸易合作双赢的新典范。

最后，积极参与参与国际经贸规则制定，深度参与全球治理。"十四五"时期，我国参与全球经济治理的基础不断强化，在综合实力、市场规模、产业竞争力等方面的优势不断凸显，已具备以引领者和建设者的姿态参与全球经济治理的能力。中国作为全球最大的发展中国家和最大的经济

贸易体，应进一步提升在全球贸易规制制定中的话语权，为营造和谐的国际环境，推动全球经济的健康发展贡献中国力量。今后我国应继续坚持多边贸易体制，积极参与国际经贸规则制定，切实维护全球产业链供应链稳定畅通，支持区域金融稳定，积极参与新兴经济领域的全球合作与规则制定，推动数字经济国际合作。

第三节　未来展望

近年来，贸易保护主义和逆全球化浪潮愈演愈烈。这对于深度嵌入全球价值链的中国企业来说，生存风险进一步加大。在此背景下，中国企业如何顺应全球化、破局逆全球化，从而谋求生存与发展，在未来一段时间内仍然是一个值得深入思考和研究的问题。面临新的形势和新的发展，本书还不够全面和深入，未来研究有望从以下方面突破。

首先充分考虑人力资本对企业生存的影响。人力资本水平是决定企业生存发展的重要因素。随着我国综合国力的不断提升和创新创业环境的持续优化，归国就业和创业已逐渐成为海外人才发展的重要选择。海归人员是企业管理水平和创新能力提升的重要力量，也是促进我国自主创新、产业转型的重要推动力。因此，研究国际人才回流与企业生存发展具有一定的必要性。与之相对应的，大量海归人才回流的同时，我国优秀人才持续流失问题依然严峻，人才流失对于企业生存产生何种影响，以及人力资本的流入与流出对企业生存产生的正负冲击效果的最终表现如何，是值得深入研究的问题。

其次研究知识产权管理能效与企业生存。知识产权管理对企业拥有持续竞争力、国家创新发展具有引领和促进作用。一直以来，国家执行较为宽松的知识产权管理政策，这一政策带来的知识和技术外溢使得中小企业具有了技术模仿的通道，也支撑了中小企业的快速发展。然而，知识产权保护的缺位也带来了研发企业创新动力不足的弊端，不利于中国创新经济发展。并且知识产权已成为以美国为代表的西方资本主义国家阻碍我国企业国际化发展的重要手段。近年来，我国高度重视知识产权保护，致力于构建高效的知识产权综合管理体制，为企业生存发展营造更好的创新环境、投资环境。因此，在全球化背景下，有必要深入研究宽松的知识产权保护政策是否对企业生存造成了不利影响？影响机制是什么？现有严格的知识产权保护政策是否能够促进企业生存？

最后可以预料，随着时间推移，必然有大量的相关研究成果发布，从而可以更为清晰地刻画全球化浪潮对企业生存的影响及作用机理，为国家支持企业生存发展提供更多的政策参考与启示。

参考文献

［1］保建云. 如何应对逆全球化与新兴保护主义——对当前世界经济不确定性风险的分析研判［J］. 人民论坛·学术前沿, 2017（7）: 12 - 19.

［2］鲍宗客. 创新行为与中国企业生存风险: 一个经验研究［J］. 财贸经济, 2016, 37（2）: 85 - 99.

［3］卞元超, 白俊红. 市场分割与中国企业的生存困境［J］. 财贸经济, 2021, 42（1）: 120 - 135.

［4］曹裕, 陈晓红, 王傅强. 所有制、行业效率与转型经济下的中国企业生存［J］. 统计研究, 2012, 29（1）: 74 - 79.

［5］陈启斐, 张为付, 张群. 逆全球化、去规则化与全球价值链服务化［J］. 南开经济研究, 2019（3）: 3 - 26.

［6］陈诗一, 陈登科. 雾霾污染、政府治理与经济高质量发展［J］. 经济研究, 2018, 53（2）: 20 - 34.

［7］陈媛媛. 市场分割与出口竞争力: 基于中国数据的经验研究［J］. 世界经济研究, 2013（11）: 49 - 55, 88.

［8］陈阵, 王雪. 创新行为、沉没成本与企业生存——基于我国微观数据的实证分析［J］. 科学学与科学技术管理, 2014（10）: 142 - 149.

［9］戴觅, 茅锐. 外需冲击、企业出口与内销: 金融危机时期的经验证据［J］. 世界经济, 2015, 38（1）: 81 - 104.

［10］邓子梁, 陈岩. 外商直接投资对国有企业生存的影响: 基于企业异质性的研究［J］. 世界经济, 2013（12）: 53 - 69.

［11］董琴. "逆全球化"及其新发展对国际经贸的影响与中国策略研究［J］. 经济学家, 2018（12）: 91 - 98.

［12］樊纲, 王小鲁, 马光荣. 中国市场化进程对经济增长的贡献

[J]．经济研究，2011，46（9）：4–16.

[13] 范红忠．有效需求规模假说、研发投入与国家自主创新能力 [J]．经济研究，2007（3）：33–44.

[14] 冯伟，徐康宁，邵军．基于本土市场规模的产业创新机制及实证研究 [J]．中国软科学，2014（1）：55–67.

[15] 傅利平，李永辉．政府补贴、创新能力与企业存续时间 [J]．科学学研究，2015，33（10）：1495–1503.

[16] 郭晶，周玲丽．贸易政策不确定性、关税变动与企业生存 [J]．国际贸易问题，2019（5）：22–40.

[17] 行伟波，李善同．本地偏好、边界效应与市场一体化——基于中国地区间增值税流动数据的实证研究 [J]．经济学（季刊），2009，8（4）：1455–1474.

[18] 郝前进，金宝玲．行业差异、企业行为与企业生存时间的影响因素研究 [J]．经济体制改革，2011（6）：95–98.

[19] 何文韬，肖兴志．进入波动、产业震荡与企业生存——中国光伏产业动态演进研究 [J]．管理世界，2018（1）：114–126.

[20] 黄玖立，李坤望．出口开放、地区市场规模和经济增长 [J]．经济研究，2006（6）：27–38.

[21] 蒋殿春，张宇．经济转型与外商直接投资技术溢出效应 [J]．经济研究，2008（7）：26–38.

[22] 康妮，陈林．产业政策实施下的补贴、竞争与企业生存 [J]．当代经济科学，2018，40（2）：85–93，127.

[23] 雷达．"逆全球化"概念辨析与全球化进程的梳理 [J]．世界经济研究，2018（3）：6–8.

[24] 李春顶，尹翔硕．我国出口企业的"生产率悖论"及其解释 [J]．财贸经济，2009（11）：84–90，111，137.

[25] 李建明，罗能生．高铁开通改善了城市空气污染水平吗？[J]．经济学（季刊），2020，19（4）：1335–1354.

[26] 李淑云，李平，许家云．进口行为与企业生存——基于中国制造

业企业微观数据的实证分析 [J]. 南开经济研究, 2018 (1): 140 - 157.

[27] 李玉梅, 王园园, 胡可可. 外商投资撤资回流的趋向与对策 [J]. 国际贸易, 2020 (6): 63 - 71.

[28] 李元旭, 宋渊洋. 地方政府通过所得税优惠保护本地企业吗——来自中国上市公司的经验证据 [J]. 中国工业经济, 2011 (5): 149 - 159.

[29] 刘海洋, 林令涛, 黄顺武. 地方官员变更与企业兴衰——来自地级市层面的证据 [J]. 中国工业经济, 2017 (1): 62 - 80.

[30] 刘金源. 反全球化运动及其对全球化的制衡作用 [J]. 国际政治研究, 2005 (3): 82 - 88.

[31] 刘小鲁. 我国创新能力积累的主要途径: R&D, 技术引进, 还是 FDI? [J]. 经济评论, 2011, 000 (003): 88 - 96.

[32] 刘振兴, 金祥荣. 出口企业更优秀吗——基于生产率视角的考察 [J]. 国际贸易问题, 2011 (5): 110 - 120.

[33] 逯宇铎, 戴美虹, 刘海洋. 融资约束降低了中国研发企业的生存概率吗? [J]. 科学学研究, 2014, 32 (10): 1476 - 1487.

[34] 罗党论, 廖俊平, 王珏. 地方官员变更与企业风险——基于中国上市公司的经验证据 [J]. 经济研究, 2016, 51 (5): 130 - 142.

[35] 罗胜强, 鲍晓华. 反倾销影响了在位企业还是新企业: 以美国对华反倾销为例 [J]. 世界经济, 2019, 42 (3): 118 - 142.

[36] 毛其淋, 许家云. 政府补贴、异质性与企业风险承担 [J]. 经济学 (季刊), 2016, 15 (4): 1533 - 1562.

[37] 欧定余, 魏聪. 融资约束、政府补贴与研发制造企业的生存风险 [J]. 经济科学, 2016 (6): 63 - 74.

[38] 平新乔. 市场换来技术了吗? [J]. 国际经济评论, 2007 (5): 33 - 36.

[39] 亓朋, 许和连, 艾洪山. 外商直接投资企业对内资企业的溢出效应: 对中国制造业企业的实证研究 [J]. 管理世界, 2008 (4): 58 - 68.

[40] 史宇鹏, 和昂达, 陈永伟. 产权保护与企业存续: 来自制造业的证据 [J]. 管理世界, 2013 (8): 118 - 125.

［41］苏琦，李新春. 内部治理、外部环境与中国家族企业生命周期［J］. 管理世界，2004（10）：85 - 96.

［42］苏振东，刘森，赵文涛. 微观金融健康可以提高企业的生存率吗？——"新常态"背景下经济持续健康发展的微观视角解读［J］. 数量经济技术经济研究，2016（4）：3 - 20.

［43］田巍，余淼杰. 中间品贸易自由化和企业研发：基于中国数据的经验分析［J］. 世界经济，2014，037（006）：90 - 112.

［44］佟家栋，刘程. "逆全球化"浪潮的源起及其走向：基于历史比较的视角［J］. 中国工业经济，2017（6）：5 - 9.

［45］王淼薇，郝前进. 初始规模、生产率与企业生存发展——基于上海市规模以上工业企业的实证研究［J］. 经济管理，2012（7）：144 - 153.

［46］王孝松，施炳展，谢申祥，等. 贸易壁垒如何影响了中国的出口边际？——以反倾销为例的经验研究［J］. 经济研究，2014，49（11）：58 - 71.

［47］温忠麟，叶宝娟. 有调节的中介模型检验方法：竞争还是替补？［J］. 心理学报，2014，46（5）：714 - 726.

［48］吴小康，于津平. 外商直接参与、间接溢出与工业企业生存［J］. 国际贸易问题，2014（4）：126 - 135.

［49］吴延兵，米增渝. 创新、模仿与企业效率——来自制造业非国有企业的经验证据［J］. 中国社会科学，2011，4（4）：77 - 94，222.

［50］吴志成，吴宇. 逆全球化的演进及其应对［J］. 红旗文稿，2018（3）：32 - 34.

［51］冼国明，严兵. FDI 对中国创新能力的溢出效应［J］. 世界经济，2005（10）：18 - 25，80.

［52］肖兴志，何文韬，郭晓丹. 能力积累、扩张行为与企业持续生存时间——基于我国战略性新兴产业的企业生存研究［J］. 管理世界，2014，4（2）：77 - 89.

［53］徐康宁，冯伟. 基于本土市场规模的内生化产业升级：技术创新的第三条道路［J］. 中国工业经济，2010（11）：58 - 67.

［54］徐现祥，李郇. 中国省际贸易模式：基于铁路货运的研究［J］. 世界经济，2012，35（9）：41 - 60.

［55］许家云，毛其淋. 中国企业的市场存活分析：中间品进口重要吗？［J］. 金融研究，2016（10）：127 - 142.

［56］叶宁华，包群，邵敏. 空间集聚、市场拥挤与我国出口企业的过度扩张［J］. 管理世界，2014（1）：58 - 72.

［57］于娇，逯宇铎，刘海洋. 出口行为与企业生存概率：一个经验研究［J］. 世界经济，2015，38（4）：25 - 49.

［58］张超颖. "逆全球化"的背后：新自由主义的危机及其批判［J］. 当代经济研究，2019（3）：66 - 72.

［59］张海洋. R&D 两面性、外资活动与中国工业生产率增长［J］. 经济研究，2005（5）：107 - 117.

［60］张昊. 居民消费扩张与统一市场形成——"本土市场效应"的国内情形［J］. 财贸经济，2020，41（6）：144 - 160.

［61］张慧，彭璧玉. 创新行为与企业生存：创新环境、员工教育重要吗［J］. 产业经济研究，2017（4）：30 - 40.

［62］张杰，张培丽，黄泰岩. 市场分割推动了中国企业出口吗？［J］. 经济研究，2010，45（8）：29 - 41.

［63］张其仔. 国有企业的逆退出与退出定价［J］. 中国工业经济，2003（12）：20 - 25.

［64］张维迎，周黎安，顾全林. 经济转型中的企业退出机制——关于北京市中关村科技园区的一项经验研究［J］. 经济研究，2003（10）：3 - 14.

［65］张燕，谢建国，刘晴. 贸易自由化与中国国内工业行业的生产利润［J］. 数量经济技术经济研究，2013，30（6）：77 - 90，105.

［66］赵桂芹. 中国保险公司现金持有量的影响因素分析［J］. 经济评论，2007（4）：105 - 110.

［67］周先平，向古月，皮永娟. 逆全球化对中国经济增长的微观效应及其作用机理［J］. 国际金融研究，2020（4）：23 - 32.

［68］朱平芳，李磊．两种技术引进方式的直接效应研究——上海市大中型工业企业的微观实证［J］．经济研究，2006（3）：90 – 102.

［69］朱奕蒙，徐现祥．创业的宏观环境对企业的长期影响：中国工业企业的证据［J］．世界经济，2017，40（12）：27 – 51.

［70］Abdesselam R，Bonnet J，Pape N L. An Explanation of the Life Span of New French Firms ［J］．Small Business Economics，2004，23（3）：237 – 254.

［71］Ades A F，Glaeser E L. Evidence on Growth，Increasing Returns，and the Extent of the Market ［J］．Quarterly Journal of Economics，1999（3）：1025 – 1045.

［72］Agarwal R，Audretsch D B. Does Entry Size Matter? The Impact of the Life Cycle and Technology on Firm Survival ［J］．Journal of Industrial Economics，2010，49（1）：21 – 43.

［73］Agarwal R，Sarkar M B，Echambadi R. The Conditioning Effect of Time on Firm Survival：An Industry Life Cycle Approach ［J］．Academy of Management Journal，2002，45（5）：971 – 994.

［74］Allen F，Qian J，Qian M. Law，Finance，and Economic Growth in China ［J］．Journal of Financial Economics，2005，77（1）：57 – 116.

［75］Alvarez R，Görg H. Multinationals and Plant Exit：Evidence from Chile ［J］．International Review of Economics & Finance，2009，18（1）：45 – 51.

［76］Amore M D，Bennedsen M. The Value of Local Political Connections in A Low-corruption Environment ［J］．Journal of Financial Economics，2013，110（2）：387 – 402.

［77］Atkeson A，Burstein，A. Pricing-to-Market，Trade Costs，and International Relative Prices ［J］．The American Economic Review，2008，98（5）：1998 – 2031.

［78］Audretsch D B，Mahmood T. New Firm Survival：New Results Using a Hazard Function ［J］．Review of Economics & Statistics，1995，77（1）：97 – 103.

〔79〕Azoulay P, Jones B F, Kim J D, et al. Age and High – Growth Entrepreneurship〔J〕. American Economic Review Insights, 2020, 2（1）: 65 – 82.

〔80〕Baghdasaryan D, Cour L L. Competition, Ownership and Productivity: A Panel Analysis of Czech Firms〔J〕. Journal of Economics & Business, 2013, 69（21）: 86 – 100.

〔81〕Baldwin J, Yan B. The Death of Canadian Manufacturing Plants: Heterogeneous Responses to Changes in Tariffs and Real Exchange Rates〔J〕. Review of World Economics, 2011, 147（1）: 131 – 167.

〔82〕Bartelsman E., Scarpetta S. and Schivardi F. Comparative Analysis of Firm Demographics and Survival: Evidence From Micro-level Sources in OECD Countries〔J〕. Industrial and Corporate Change, 2005, 14（3）: 365 – 391.

〔83〕Bas M, Strauss-Kahn V. Input-trade Liberalization, Export Prices and Quality Upgrading〔J〕. Journal of International Economics, 2015, 95（2）: 250 – 262.

〔84〕Bellone F, Musso P, Nesta L, et al. Financial Constraints and Firm Export Behaviour〔J〕. World Economy, 2008, 33（33）: 347 – 373.

〔85〕Bernard A B, Eaton J, Jensen J B, et al. Plants and Productivity in International Trade〔J〕. American Economic Review, 2003, 93（4）: 1268 – 1290.

〔86〕Besedeš T., Prusa T J. Ins, Outs, and the Duration of Trade〔J〕. Canadian Journal of Economics, 2006, 39（1）: 266 – 295.

〔87〕Boyer T, Blazy R. Born to Be Alive? The Survival of Innovative and Non – innovative French Micro-start-ups〔J〕. Small Business Economics, 2014, 42（4）: 669 – 683.

〔88〕Brandt L, Biesebroeck J V, Zhang Y. Creative Accounting or Creative Destruction? Firm-level Productivity Growth in Chinese Manufacturing〔J〕. Journal of Development Economics, 2012, 97（2）: 339 – 351.

〔89〕Calvo J L. Testing Gibrat's Law for Small, Young and Innovating Firms〔J〕. Small Business Economics, 2006, 26（2）: 117 – 123.

[90] Cardoza G, Fornes G. The Internationalisation of SMEs from China: The Case of Ningxia Hui Autonomous Region [J]. Asia Pacific Journal of Management, 2011, 28 (4): 737 – 759.

[91] Caroll G R. and Delacroix J. Organizational Mortality in the Newspaper Industries of Argentina and Ireland: An Ecological Approach [J]. Administrative Science Quarterly, 1982, 27 (2): 169 – 198.

[92] Caves R E. Industrial Organization and New Findings on the Turnover and Mobility of Firms [J]. Journal of Economic Literature, 1998, 36 (4): 1947 – 1982.

[93] Cefis E, Marsili O. Survivor: The Role of Innovation in Firms' Survival [J]. Research Policy, 2003, 35 (5): 626 – 641.

[94] Cevik S, Miryugin F. Death and Taxes: Does Taxation Matter for Firm Survival? [J]. Economics & Politics, 2022, 34 (1): 92 – 112.

[95] Che Y, Lu Y, Tao Z. Institutional Quality and New Firm Survival [J]. Economics of Transition, 2017, 25 (3): 495 – 525.

[96] Coad A. Firm Age: a Survey [J]. Journal of Evolutionary Economics, 2018, 28 (1): 1 – 31.

[97] Colombelli A, Krafft J, Quatraro F. Properties of Knowledge Base and Firm Survival: Evidence from a Sample of French Manufacturing Firms [J]. Technological Forecasting & Social Change, 2013, 80 (8): 1469 – 1483.

[98] Crowley M, Song H, Ning M. Tariff Scares: Trade Policy Uncertainty and Foreign Market Entry by Chinese Firms [J]. Journal of International Economics, 2018, 114: 96 – 115.

[99] Cull R, Xu L C. Institutions, Ownership, and Finance: The Determinants of Profit Reinvestment among Chinese Firms [J]. Journal of Financial Economics, 2005, 77 (1): 117 – 146.

[100] Damijan J P, Konings J, Polanec S. Import Churning and Export Performance of Multi – Product Firms [J]. World Economy, 2014, 37 (11): 1483 – 1506.

[101] De Silva D G, McComb R P. Geographic Concentration and High Tech Firm Survival [J]. Regional Science and Urban Economics, 2012, 42 (4): 691 – 701.

[102] Delgado M, Porter M E, Scott S. Clusters and Entrepreneurship [J]. Journal of Economic Geography, 2010, 10 (10): 495 – 518.

[103] Dzhumashev R, Mishra V, Smyth R. Exporting, R&D Investment and Firm Survival in the Indian IT Sector [J]. Journal of Asian Economics, 2016, 42: 1 – 19.

[104] Ebert T, Brenner T, Brixy U. New Firm Survival: The Interdependence between Regional Externalities and Innovativeness [J]. Small Business Economics, 2015, 53: 1 – 23.

[105] Esteve-Pérez S, Máñez-Castillejo J A, Sanchis-Llopis J A. Does a "Survival-by-exporting" Effect for SMEs Exist? [J]. Empirica, 2008, 35 (1): 81 – 104.

[106] Folta T B, Cooper A C, Baik Y S. Geographic Cluster Size and Firm Performance [J]. Journal of Business Venturing, 2006, 21 (2): 217 – 242.

[107] Fotopoulos G, Louri H. Location and Survival of New Entry [J]. Small Business Economics, 2000, 14 (4): 311 – 321.

[108] Girma S, Görg H. Blessing or Curse? Domestic Plants' Survival and Employment Prospects after Foreign Acquisition [J]. Applied Economics Quarterly, 2004, 50 (1): 89 – 110.

[109] Godart O, Görg H, Hanley A. Surviving the Crisis: Foreign Multinationals versus Domestic Firms [J]. The World Economy, 2012, 35 (10): 1305 – 1321.

[110] Goldberg P K, Khandelwal A K, Pavcnik N, et al. Imported Intermediate Inputs and Domestic Product Growth: Evidence from India [J]. Quarterly Journal of Economics, 2010, 125 (4): 1727 – 1767.

[111] Görg H, Spaliara M E. Financial Health, Exports, and Firm Survival: A Comparison of British and French Firms [J]. Economica, 2014, 81

(323): 419 –444.

[112] Gort M, Agarwal R. Firm and Product Life Cycles and Firm Survival [J]. American Economic Review, 2002, 92 (2): 184 –190.

[113] Greenaway D, Gullstrand J, Kneller R. Surviving Globalisation [J]. Journal of International Economics, 2008, 74 (2): 264 –277.

[114] Grewal R, Tansuhaj P. Building Organizational Capabilities for Managing Economic Crisis: The Role of Market Orientation and Strategic Flexibility [J]. Journal of Marketing, 2001, 65 (2): 67 –80.

[115] Griliches Z, Lichtenberg F. Interindustry Technology Flows and Productivity Growth: A Re-examination [J]. The Review of Economics and Statistics, 1984, 66 (2): 324 –329.

[116] Guo Q, Zhu S, He C. Industry Relatedness and New Firm Survival in China: Do Regional Institutions and Firm Heterogeneity Matter? [J]. Post Communist Economies, 2018 (2): 1 –20.

[117] Handley K, Limão N. Policy Uncertainty, Trade and Welfare: Theory and Evidence for China and the U. S. [J]. American Economic Review, 2017, 107 (9): 2731 –2783.

[118] He C, Yang R. Determinants of Firm Failure: Empirical Evidence from China [J]. Growth & Change, 2016, 47 (1): 72 –92.

[119] Howell A J, He C, Yang R, et al. Technological Relatedness and Asymmetrical Firm Productivity Gains Under Market Reforms in China [J]. Review of Economics & Statistics, 2016, 87 (4): 780 –786.

[120] Hu A, Jefferson G H, Qian J. R&D and Technology Transfer: Firm-Level Evidence from Chinese Industry [J]. Review of Economics & Statistics, 2005, 87 (4): 780 –786.

[121] Huynh K P , Petrunia R J , Voia M . Initial Financial Conditions, Unobserved Heterogeneity and the Survival of Nascent Canadian Manufacturing Firms [J]. Managerial and Decision Economics, 2012, 33 (2): 109 –125.

[123] Iacovone L, Rauch F, Winters L A. Trade as an Engine of Creative

Destruction: Mexican Experience with Chinese Competition [J]. Journal of International Economics, 2013, 9 (2): 1 – 14.

[124] Iwasaki I. Global Financial Crisis, Corporate Governance, and Firm Survival: The Case of Russia [J]. Journal of Comparative Economics, 2014, 42 (1): 178 – 211.

[125] Jovanovic B. Selection and the Evolution of Industry [J]. Econometrica, 1982, 50 (3): 649 – 670.

[126] Julan D U, Yi L U, Tao Z, et al. Do Domestic and Foreign Exporters Differ in Learning by Exporting? Evidence from China [J]. China Economic Review, 2012, 23 (2): 296 – 315.

[127] Kim J, Lee C Y. Technological Regimes and Firm Survival [J]. Research Policy, 2016, 45 (1): 232 – 243.

[128] Klepper S, Simons K L. Innovation and Industry Shakeouts [J]. Business and Economic History, 1996, 25 (1): 81 – 89.

[129] Klepper S. Entry, Exit, Growth, and Innovation Over the Product Life Cycle [J]. American Economic Review, 1996, 86 (3): 562 – 583.

[130] Kokko A, Thang T T. Foreign Direct Investment and the Survival of Domestic Private Firms in Vietnam [J]. Asian Development Review, 2014, 31 (1): 53 – 91.

[131] Kolasa M, Rubaszek R, Taglioni R. Firms in the Great Global Recession: The Role of Foreign Ownership and Financial Dependence [J]. Emerging Markets Review, 2010, 11 (4): 341 – 357.

[132] Kosova R, Lafontaine F. Survival And Growth In Retail And Service Industries: Evidence From Franchised Chains [J]. Journal of Industrial Economics, 2010, 58 (3): 542 – 578.

[133] Macdougall G. The Benefits and Costs of Private Investment From Abroad: A Theoretical Approach [J]. Economic Record, 2010, 36 (73): 13 – 35.

[134] Mao Q, Xu J. The More Subsidies, The Longer Survival? Evidence

from Chinese Manufacturing Firms [J]. Review of Development Economics, 2018, 22 (2): 685 – 705.

[135] Mata José, Claudia A. The Survival of Firms Founded by Immigrants: Institutional Distance between Home and Host Country, and Experience in the Host Country [J]. Strategic Management Journal, 2018, 39 (8): 2965 – 2991.

[136] Melitz M J. The Impact of Trade on Intra-Industry Reallocations and Aggregate Industry Productivity [J]. Econometrica, 2003, 71 (6): 1695 – 1725.

[137] Mueller S, Stegmaier J. Economic Failure and the Role of Plant Age and Size [J]. Small Business Economics, 2015, 44 (3): 621 – 638.

[138] Nguyet NT. Survival of New Private Enterprises in Transition Economies: The Case of Vietnam [J]. Society and Economy, 2016, 38 (1): 47 – 67.

[139] Parsley D C, Wei S J. Convergence to the Law of One Price Without Trade Barriers or Currency Fluctuations [J]. The Quarterly Journal of Economics, 1996, 111 (4): 1211 – 1236.

[140] Pittiglio R, Reganati F. Multinational Enterprises, Technological Intensity and Firm Survival. Evidence from Italian Manufacturing and Services Firms [J]. Atlantic Economic Journal, 2015, 43 (1): 87 – 106.

[141] Porter M E. Towards a Dynamic Theory of Strategy [J]. Strategic Management Journal, 2010, 12 (S2): 95 – 117.

[142] Puri M, Zarutskie R. On the Life Cycle Dynamics of Venture-Capital-and Non-Venture-Capital-Financed Firms [J]. The Journal of Finance, 2012, 67 (6): 2247 – 2293.

[143] Randøy T, Dibrell C C. How and why Norwegian Norwegian MNCS commit Resources Abroad: Beyond Choice of Entry Mode [J]. Management International Review, 2002, 42 (2): 119 – 140.

[144] Reuber A R, Fischer E. Domestic Market Size, Competences, and The Internationalization of Small-and Medium-sized Enterprises [J]. Research

in Global Strategic Management, 1999, 7 (99): 85 – 100.

[145] Strotmann H. Entrepreneurial Survival [J]. Small Business Economics, 2007, 28 (1): 87 – 104.

[146] Stucki T. Success of Start-up Firms: The Role of Financial Constraints [J]. Industrial & Corporate Change, 2014 (1): 25 – 64.

[147] Taymaz E, Özler S. Foreign Ownership, Competition, and Survival Dynamics [J]. Review of Industrial Organization, 2007, 31 (1): 23 – 42.

[148] Tsoukas S. Firm Survival and Financial Development: Evidence from a Panel of Emerging Asian Economies [J]. Journal of Banking & Finance, 2011, 35 (7): 1736 – 1752.

[149] Tybout J R. Manufacturing Firms in Developing Countries: How Well Do They Do, and Why? [J]. Journal of Economic Literature, 2000, 38 (1): 11 – 44.

[150] Ugur M, Trushin E, Solomon E. Inverted-U Relationship between R&D Intensity and Survival: Evidence on Scale and Complementarity Effects in UK Data☆ [J]. Research Policy, 2016, 45 (7): 1474 – 1492.

[151] Ullah S, Majeed M T, Hafeez M. Education, Experience, Social Network and Firm Survival: The Case of the Electrical Fittings Cluster in Sargodha, Pakistan [J]. DECISION, 2019, 46 (8): 267 – 278.

[152] Ushijima T. Internal Capital Market and the Growth and Survival of Japanese Plants in the United States [J]. Journal of the Japanese & International Economies, 2011, 19 (3): 366 – 385.

[153] Vandenbussche H, Zanardi M. The Global Chilling Effects of Anti-dumping Proliferation [J]. European Economic Review, 2010, 54 (6): 760 – 777.

[154] Velu C. Business Model Innovation and Third-party Alliance on the Survival of New Firms [J]. Technovation, 2015, 35: 1 – 11.

[155] Vogel A, Wagner J. Higher Productivity in Importing German Manufacturing Firms: Self-selection, Learning from Importing, or Both? [J]. Review

of World Economics, 2010, 145: 641 –665.

[156] Wagner J , Sternberg R . Start-up Activities, Individual Characteristics, and the Regional Milieu: Lessons for Entrepreneurship Support Policies from German Micro Data [J]. Annals of Regional Science, 2004, 38 (2): 219 –240.

[157] Williamson O E. The Economic Institutions of Capitalism [M]. New York: The Free Press, 1985.

[158] Wörz J. Skill Intensity in Foreign Trade and Economic Growth [J]. Empirica, 2005, 32 (1): 117 –144.

[159] Xi G, Block J H, Lasch, F, et al. The Survival of Business Takeovers and New Venture Start-ups [J]. Industrial and Corporate Change, 2020, 29 (3): 797 –826.

[160] Zhang D, Zheng W, Ning L. Does innovation facilitate firm survival? Evidence from Chinese high-tech firms [J]. Economic Modelling, 2018 (75): 458 –468.

[161] Zhang Q, Shi Y P, He A, et al. Property Rights Security and Firm Survival: Micro-data Evidence from China [J]. China Economic Review, 2017, 44 (5): 296 –310.

[162] Zhao R, Broadstock D C, Peng Y. Initial Submarket Positioning and Firm Survival: Evidence from the British Automobile Industry, 1895 – 1970 [J]. Small Business Economics, 2018, 51 (4): 965 –993.

[163] Zingales L. Survival of the Fittest or the Fattest? Exit and Financing in the Trucking Industry [J]. Journal of Finance, 1998, 53 (3): 905 –938.